# 続・夫と歩いた日本すみずみ

花房啓子

幻冬舎MC

# 続・夫と歩いた日本すみずみ

# はじめに

２０２１年4月に『夫と歩いた日本すみずみ』というささやかな本を出しました。かつて私のパソコン講座の師匠、中村英明先生の発信していたメールマガジンの中に連載していただいていた、「Keikoのお出かけ日記」を基に編集した物です。

予想に反して、売れ行きがそこそこあった、との幻冬舎さんからのおだてに乗せられて、先の本に使われなかったメールマガジンの記事と、連載を終えた後で旅した記録、それに「夫と」ではなく学生寮の仲間との旅、民生委員の同志と行った旅も加えてさらに本にまとめる事にしました。

休日のたびに「どこかへ行こう」と車に乗り込む夫に、私は「はいはい、どっち方面へ？」「北！」「うーん、では蒜山ね」などと行きは私、帰りは夫の運転。忙しくて出かけるのを渋っていると「お前の都合ばかり聞いていられるか」とばかりに夫が旅行社さんに計画を立ててもらい、慌てて都合をやりくりして出かけたこともありました。

夫の年齢は60才から67才、私は55才から62才のころでした。家には夫の母もいましたので、日帰りの時は夕方遅くならないうちに帰宅し、泊りの旅行には義妹が来てくれていました。夫の心臓の血管の状態を片隅で心配しながらも、まだ私も若く体力もあって、いい時代でした。

夫は、接触事故を起こして２０１８年12月に免許返納。ふらりと車で出かけるのが大好きだった夫にとっては翼をもがれたように感じたに違いありません。翌２０１９年２月18日私の運転で尾道までドライブして商店街を散策しました。私１人で往復運転したのはその時が初めてだったと思います。その夜、私の手作りのちらし寿司を食べ、お風呂に入り、気持ちよく寝て、それがまさかの永遠の眠りになったのです。最期に、何度も訪ねて好きだった尾道を歩き、健康を気遣って食べないように言っていた尾道ラーメン、それに海を見ながらアイスクリームまで食べていてよかった。この本の出かけた先で一緒に歩いた夫の姿を思いつつ、２冊目の本を送り出すことにします。

目次



## 倉敷市内篇

# 岡山県内篇

## 中国地方篇

## 北海道・東北篇

## 中部地方篇

## 近畿地方篇



## 四国地方篇

## 沖縄篇

## 海外篇

# 倉敷市内篇

瀬戸大橋

お雛さま（むかし下津井廻船問屋）

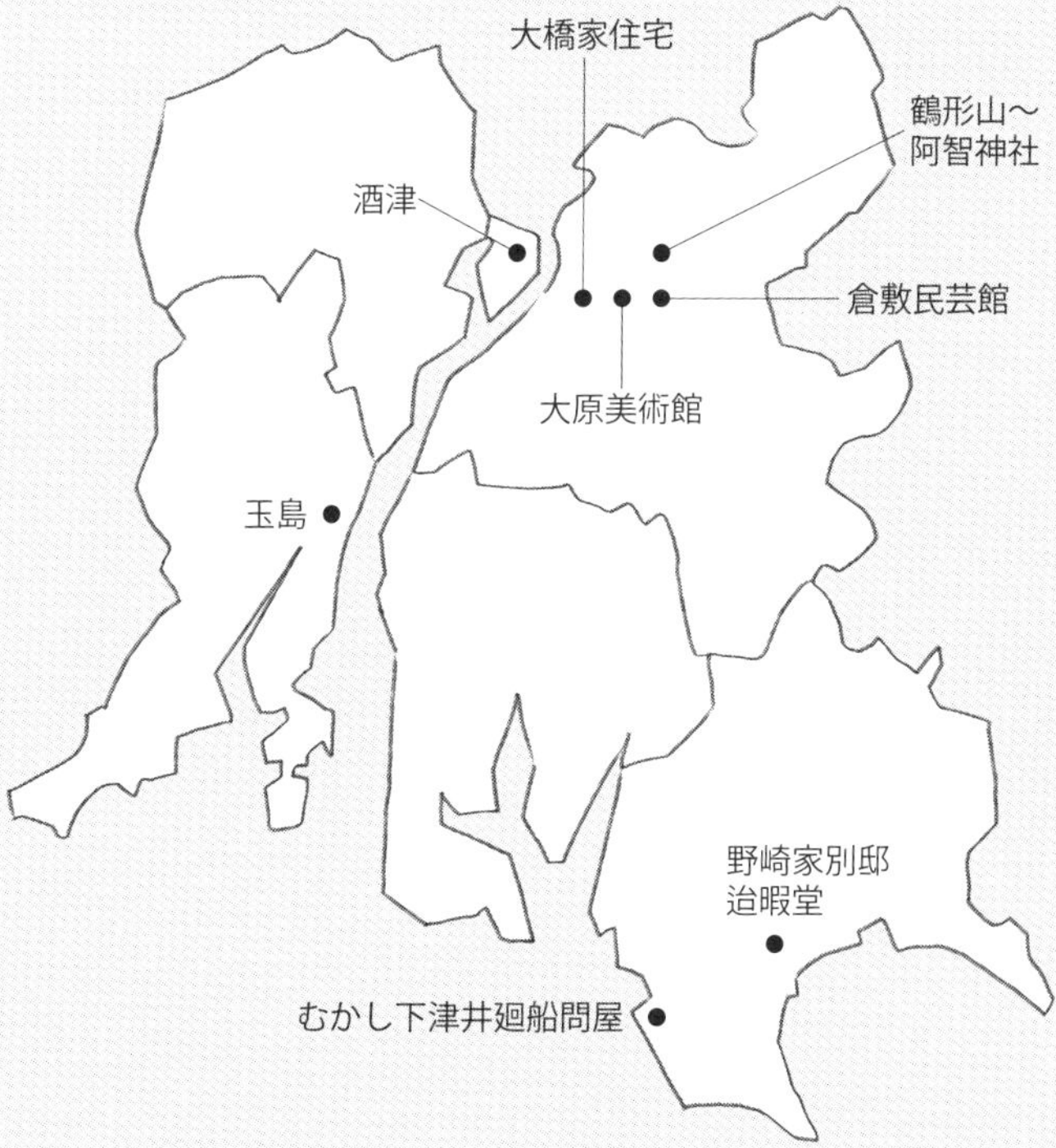

## 大原美術館の特別展

２００６年７月16日（日）

午前中は作業着を着て庭の草取り、汗だらけになりシャワーをさっと浴びると気分爽快。

午後からは、お出かけ。市立美術館の「春の院展」を見て、大原美術館の特別展「インパクト東と西の近現代―もう一つの大原美術館」へも足を伸ばしました。まず道順の近い分館のほうへ。大原家の庭園、「新渓園」の一角にある分館、新渓園の木々と、ムーア作「横たわる母子」像などのある前庭の芝生の緑がきれいでした。

分館のほうは、「◎虎次郎　ドイツへのまなざし」と言うテーマの、児島虎次郎とドイツのかかわり関係、「◎日本人の裸婦」では、日本髪の少女の裸婦像、それから岡山県出身の画家、満谷国四郎の赤い毛氈に数人の白い裸婦の絵、藤田嗣治の白い裸婦像。また、地下の展示室には、「◎21世紀の大原美術館」として、現代アートの数々。

新渓園のお庭伝いに本館のほうへ向かいます。

美術館の中庭には、フランスのモネの庭から移植されたという睡蓮の株も当初よりだいぶ増えてきて、ピンクと黄色の花が咲いていました。観光客が盛んに写真に収めていました。

大原美術館本館では、ギリシャ神殿風の正面入り口に特別展の大きな一対の垂れ幕が掲げてありました。入ると、児島虎次郎の中国の風景を描いた屏風絵4点と、奈良公園を描いた、横長の長い長い風景画、それに大阪の大原家別邸にかつて飾ってあったという巨大な絵、それに、この美術館最大で、美術館の建物の幅のサイズを決める元になったというフレデリックの「万有は死に帰す、されど神の愛は万有をして蘇らせしめん」という絵が高いところに掲げられています。

昔私が学校の遠足で来た時に本館2階の中央にあったエル・グレコ（1541〜1614）の「受胎告知」は、児島虎次郎が収集したほかの絵画とは時代が違うためか別格扱いになっていて、増築された部分に紺色の壁面に目立つような展示の仕方になっています。大原美術館のいわば看板の代表的な絵画だからでしょう。また、テーマに沿わない絵をはずされたのか、壁に絵の形に焼けたような跡が残っていました。

見学を終えて出ると、地元の県立天城《あまき》高校の女の子がおずおずと「アンケートに協力お願いできますか」と寄って来ました。「市内ですけど、いいですか?」と聞いてから応じると、「何度目か」「どの絵が好きか」などのアンケートでした。私が答えた好きな絵は、スイスの画家、セガンティーニの「アルプスの真昼」と、同じくホドラーの「きこり」の絵です。明暗や輪郭のくっきりした分かりやすい絵で、羊飼いの少女だったり木こりだったり、どことなく生活感があるからかもしれません。

建物内は快適にエアコンが効いていましたが、一歩出てみると、それはそれは蒸し暑く、観光川舟が見た目だけでも涼しげに運行されていました。

土産物屋の店先の風鈴が澄んだ音色で一斉に鳴ると、そこだけは涼しげです。

川べりには昔、川から荷物を運びあげた石段があります。その脇に腰を下ろしていたカップルは涼しいいんだか熱いんだか……。

## 倉敷秋祭

２００７年10月21日（日）

この日は前日に引き続いて屏風祭。知り合いからのお誘いを受けて、阿智神社の御神幸行列の見物に出かけました。

後から聞けば最近では最大の３００人の行列だったそうで、早い人は午前3時半ごろから着付けなどの支度、そして神事やら記念撮影やらをした後に午前7時から神社を出発したとか。

私たちはといえば用事を済ませて11時ごろから家を出たので、美観地区近くでの、おみこしを持ち上げてその下をくぐらせるという珍しい行事などもすべて終わった後で、残念なことをしました。

屏風祭もかなり定着して、私が見るのは4度目くらい。はしまや呉服店、旅館東町、森田酒造のあたりを行くと向こうから「素隠居《すいんきょ》」の扮装をした人が5、6人やってきました。元は祭りに参加できないご隠居が若者に頼んで代わりに自分のお面をかぶらせて参加させたということだそうです。夫は倉敷育ちで子供のころは調子に乗った若者の「素隠居」から渋うちわでバシバシたたかれるので「らっきょらっきょ！」とはやして逃げていたそうです。

今は知らない観光客などにバシバシたたくと怒られると困るのか、柔らかくソフトタッチのようです。私もうちわでなでなでなでされました。

私たちの目的は御神幸の時代行列だったのですが、なかなか行き逢わず、メインストリートの西側を進んでいるらしいという目星をつけ、やっと探し当てると、黒住教の教会で昼の休憩をしているところでした。おみこしが祭壇の前に安置され、時代装束を身につけた人々が大勢いました。宮司の石村陽子さんの姿もちょっと見えました。

そこでこちらも昼食を、と、近くのレストラン「いわ倉」(閉店、新規に「ゆうなぎ」として開店)、ホテル日航(現・倉敷ロイヤルアートホテル)の和食レストラン「八間蔵」とがあたったのですがどちらも団体の予約が入っていて満席または20分待ちとのこと。やっと阿知3丁目、蔵Puraの「和膳　風《ふう》」で10分くらい待ってありつけました。ランチの安いほう1,300円。ほんの少量ずつ、多種類で目の保養。

さて、と食べ終えてまた御神幸行列を探すと、すでに出発していて、JR倉敷駅に続くメインストリートに入るところでした。白装束の人々を追い越し、陣笠に裃姿の人を追い越して、正装をして馬に乗った石村さんや、宗像三女神《むなかたさんにょしん》の扮装をした女性たちを写真に収める事ができました。彼女たちは「お旅所《たびしょ》」と呼ばれる場所で舞を披露するそうでしたが、見られなかったのは残念でした。もっと行くとやっと案内の行程図を下さった人に出会えました。15㎞の御神幸行列はその直後商店街へと右折、旧センター街商店街の交差点を南下するところで見物人が少なかったのでしっかり写真撮影させてもらうことができました。橙色の衣装に弓矢を持った人やら足軽のような扮装の人やら、お神楽を演奏する中学生くらいの子供たちやら、烏帽子をかぶった室町時代風?の衣装の人やら延々300人の行列でした。

この祭の功労者、宮司の石村さんが馬に乗って行列の最後尾近くを静かに進んでいました。これだけの大人数の行事を仕切るには大変なご苦労があったことと思いました。

(第六代宮司、石村陽子さんは2014年に惜しまれつつ亡くなりました)

## 倉敷観光案内

2008年1月17日(木)

最高気温予想は8℃という寒い日。ブログで知り合いになった人の妹さんが東京から倉敷へ一人旅にいらっしゃるというので、案内を買って出ました。

当日は午前中用事があったので、到着した彼女にはチボリ公園（1997年開園、2008年12月31日閉園）を散策しているようにお願いし、JR倉敷駅へ車で迎えに行きました。11時半ごろだったので、まずは遠いほうから、と鷲羽山《わしゅうざん》で瀬戸内海の風景を堪能してもらうことにしました。早島インターから児島インターまでは高速道を使い、その後海沿いの道を走り、展望台へ。

寒い時期なのでさすがに人が少なく、駐車場から山の方へ上がったレストハウスの前には誰もいませんでした。はるかに四国まで見渡せる雄大な風景、瀬戸大橋を間近にほーっと見ている彼女、よかったようです。

景色がよく見える窓際の席に着くと日差しが明るくて外の寒さも忘れるあたたかさ。タコ飯のついたランチセット、1､050円。タコ飯、タコとカンパチ?のお刺身、タコの天ぷら、茶碗蒸しにはアナゴが入っていました。先客が去るとしばらく私たちだけ、それから熟年夫婦が1組来店。シーズンオフ。果物の豊かにとれる岡山ですが、あいにく1月、この時期は何にもなくて残念。

食事の後は、「むかし下津井廻船問屋」へ向かうことにしました。半島の先を回り、下電ホテル前を通過。ここは一巡目の岡山国体の時には昭和天皇がお泊りになった、このあたりでは一番老舗のホテルです。そして瀬戸大橋の下をくぐって下津井吹上漁港へ。遠くから見ると1本の線のように見える瀬戸大橋も、真下をくぐるとものすごい威圧感、重量感があります。

むかし下津井回船問屋では、江戸時代の北前船が停泊したときのニシン蔵だった建物が「ふく蔵」と言うレストラン（現在閉店）になっているのとか、母屋2階の博物館を見学。北前船で繁栄していたころの様々な品物を彼女は興味深そうに熱心に見ていました。

中庭をはさんである土産物コーナーに入り、下津井名物のタコの干物、足だけの柔らかい干物が1，200円、小型の姿の干物が500円。あとはままかりの酢漬け、フジツボのついたタコつぼが4，000円だったかで売られていました。

来た道を戻り、倉敷市街へ。まずは車を市立美術館のそばの市営駐車場へ止め、メインストリートを北上、阿知町の交差点から東へ入り商店街へ。旅館・奈良萬の路地をちょっと眺めてから突き当たりを左折して、「倉敷民芸」のお店で10万円を超えるヤマブドウのつるで編んだかごを見せてもらってから鶴形山の登りにかかりました。

北斜面で風が寒かったけれど、倉敷中央病院も見渡せます。1923年（大正12年）倉敷紡績社長の大原孫三郎が作った、従業員や地域住民のための診療所から発展して、今では大病院です。昔の赤い屋根瓦を踏襲して新館も似たような外観になっています。それから阿智神社の北側斜面にあるアケボノフジ（県指定天然記念物）は咲くとピンク色になるのですが、冬のことで枝ぶりだけで残念でした。

境内南東隅の絵馬殿からは倉敷市街地の瓦屋根の様子がよく見えます。そこを出たところにあるごつごつした岩のかたまりは、応神天皇の時代あたりと言われている古代の磐座（いわくら）だと、宮司の石村さんからかつて教わったことの受け売りをしました。阿知の里の発祥の地であることを説明。神社の石段を降りて本町の通りに出ました。畳屋さんや提灯屋さんがある、昔の職人の街です。倉敷で生まれ育った義母によると昔は桶屋もあったとか。それを見ながらその通りを東へ。東町へ行き、はしまや呉服店さんへ。

呉服屋さんの店の脇にある、路地を入ったところにある「夢空間（さろん）はしまや」の、米蔵を改造した喫茶店へご案内。石畳の路地の突き当たりの左側には3つの土蔵があり、手前からだんだんと高くなっていて、手前の低い蔵は漬物倉、中の蔵は紙蔵（呉服を包むための紙）、そして一番高く作られているのは元は米蔵だったところで、石段を上って喫茶があります。

コーヒー400円をいただいてしばし休憩。ここは工芸品の展示やら、コンサートの会場としても使われてもいます。(2022年、オーナーの息子のお嫁さんに引き継がれ、「アトリエ&サロンはしまや」として再出発したそうです。)

それから引き返し、本町の、森田酒造さん経営の全国の珍しいものばかり集めた「平翠軒」へ入ると、お土産に日本酒の小瓶を。

さらに、「お母さんに何かおみやげでいいものは?」と相談されたので、お花やきれいな葉っぱや木の実を樹脂加工したアクセサリーのお店「苑《えん》」へご案内。軽いし、女性へのお土産には最適。

そこを出て、元は倉敷銀行、現在は中国銀行倉敷本町出張所(2023年あたりには大原美術館の展示室としてリニューアルされる)の半円形のステンドグラスの高窓のあるアールヌーボー調の建物や、そのすぐ隣、大原邸と別館の「有隣荘」の黄緑色の瓦を見てもらったりしながら倉敷川沿いに一周しました。大原美術館本館はもう閉まっていましたが、玄関脇にたたずむロダンの「カレーの市民」のブロンズ像を見ることはできました。そしてギリシャ神殿を模したその建物の幅が、巨大な絵を収蔵するためにその幅にあわせて作られたことなどを解説。次いで裏手の新渓園を通って分館前からもとの駐車場へ。お宿の御園旅館へ送ると、ちょうど夕方5時ごろになって、予定終了。

私は翌日のご案内はできないけれど、ぜひとも美術史の本に載るような西洋の名画がそろっている大原美術館は見てくださいね、と言って別れました。ご案内しながら私も一緒に観光してとても楽しい半日を過ごすことができました。

## 倉敷民芸館、大橋家住宅で花展

２００８年2月28日（木）

「草月創流80周年・倉敷民藝館60周年・大橋家住宅国重要文化財指定30周年記念花展〝祝い花〟」の、招待券をいただいたので、時間をひねり出して自転車で回ってきました。

風は冷たいものの、光の春とはよく言ったもので明るい午前。

まずは美観地区へ、と見ると、大原さんにご縁のある旧倉敷銀行の中国銀行倉敷本町出張所（平成28年、駅前支店に統合・閉鎖され、現・大原美術館の別館展示室に改装）の外壁に足場が組まれ、作業中。ここはアールヌーボー調というのか、なかなか素敵な大正8年建築の建物ですが、ステンドグラスの保護対策か、ガラス（アクリル板？）を張っているところでした。

小さな変化、ですが。

倉敷川に面した倉敷民芸館は、江戸時代後期に建てられた米蔵を改造して昭和23年に開館。東京・駒場の日本民芸館が昭和11年に開館したのに次いで、日本で2番目にできた民芸館だそうです。川の向かい側にある倉敷織物研究所を主宰しておられた外村《とのむら》吉之介氏が初代館長です。

門前にも膝丈くらいの壺に花が生けられていました。門を入って右手が受付。招待状があるので1,000円のところが無料。お花は一期一会なので当然撮影はいつも許可されるのですが、展示品は？　とお聞きすると、珍しいことに撮影できるそうなので喜んで入りました。

狭い階段を2階へ上がると、頑丈な金具のついた箪笥の引き出しを引いてその中に春らしいピンク系統のお花が。これが招待券を下さった人の作品でした。途中の広間ではその本人と、以前パソコン講座の受講生だった人にも会うことができました。

器や、労働のための刺し子や、家具などの展示品の間にしっくりとなじんでるお花の作品がとても好ましくて、デパートなどでの花展にはない存在感。花展のための花ではありますがその場をなごませる役目をしっかりと果している生きた花だなあと感じました。

それと同時に、たしか若い頃に一度来たきりだった民芸館ですが、生活に根ざした民芸品というものがこんなに温かみがあったのだということを、長年主婦業をしてきたせいかより強く感じながら拝見しました。

出口でそんなようなことをアンケートに記入し、さて次は大橋家住宅へ。駅前からのメインストリートを横切るとホテル日航（現・倉敷ロイヤルアートホテル）の北東に隣接しています。入り口はそれほど大きそうに見えないのですがこれが長屋門で奥に広い広い母屋があります。受付で一分間ほどの説明を音声で聞いてから中へ。右手の蔵の中には明治大正期と思われる当主が当時の最新型？の自動車の前でポーズを取っている写真やら人力車で屋敷を出る写真。大きなお雛様の展示なども。その蔵には往時は米俵がぎっしりと積まれていたことでしょう。

蔵の前には井戸があり、その蓋にもお花の作品。母屋に入ると広い土間にも竹を曲げて作ったオブジェ風の作品。お座敷へ上ると火鉢の中やらかまどやら、上がり框の上げ蓋の中にもお花が。民芸館とは違いここは床の間のあるお座敷がいくつもあり、迷子になりそうなくらい広かったのですが、床の間に生けられた花よりは意外性のある場所に生けてある花が草月流らしくて面白く拝見しました。

それにしても、広いお屋敷。太鼓橋のような渡り廊下を渡ると奥座敷が…かつてはあったそうですが今はちょん切られて壁になりその向こうは駐車場、というのはとても残念。かまどの火口の数の多さからもさぞかし大勢の使用人を使って様々な人が出入りしていた時代があったのだろうと感じさせられました。花展のおかげで地元でありながらめったに行かない観光名所をしっかりと見せてもらったひとときでした。

## 鶴形山～阿智神社～美観地区散歩

2008年6月22日（日）

降水確率が高いどんよりとした梅雨らしいお天気、大変蒸し暑い。午後1時過ぎごろ、傘を持って散歩に出かけました。

坂道を歩くと体調がわかる、というので鶴形山に登ってみることにしました。取り付いたのは、山の東側、美和町のお大師堂の裏手から登る、人の幅ほどの細い道。民家の横を登るのはコンクリート舗装で、結構急斜面。角を曲がると左手は竹やぶですが、阿智神社にお参りする人がいる関係からか、きちんと柵が設けてあり、整備されています。昼間でも薄暗い道ですので、一人では薄気味悪いかもしれませんが、街中の山とは思えないほどの静けさと風情。足元はずっとコンクリート舗装でV字型に細い筋をつけてあるので急な割には歩きやすく、ほどなく広い道に出ました。焼き鳥の高田屋さん方面から車で上がってくる道です。

そこから児童公園の横を通り抜け、藤棚の横を通り、阿智神社の建物横に出ました。能舞台はお神楽や「三女神の舞」などを拝見したときには気付かなかった橋掛かりの前に植えてある五葉の松も平成14年に寄進されたものであると書かれていてへえーと思いました。

美観地区を見下ろせる絵馬殿には外国人2人を含むグループが見物に訪れていたので遠慮、正面の石段を降りて行きました。高い石段の上から見下ろしてみると、鶴形山の緑が背景にあって特に梅雨時期なので緑がいっそう深く感じられました。さらに町へ通じるもう一箇所の石段、ここは広い幅なのに1段が継ぎ目のない1個の石でできているのに以前から感心しています。いつできたものでしょう。そしてここからの眺めは、鉛色の瓦の家並みが広がっているのが美観地区らしいと思います。

本町に出ると、観光客が大勢歩いています。そこからはアイビースクエアの塀の外側を歩き、お団子屋さんやお煎餅屋さん、蒲鉾屋さんなどの前を通り（それぞれ買って食べながら歩く人も）、川沿いを歩くと観光客の会話も耳に入ってきて、倉敷に長く暮らしている私は「それはこうなんですよ」とつい教えてあげたくなる衝動に駆られたりします。

考古館方面へ出て、蔵の中を改装してできた豆菓子屋さんに入ってみました。豆ってこんなに種類があったの？　と思うくらいに多種類の豆。そら豆を炒ったような昔ながらのものやら甘納豆のようなもの、ピリ辛のものなど加工も色々、ずらりと試食用の小皿も並んでいて楽しい。

中橋のたもとの川に降りる石段、雨模様の予想が出ていたせいか、好評の観光川舟の運行はこの日はなく、高札のような看板も、舟もありませんでした。そういえば客待ちの人力車もこのあたりにいつもはいるのに、この日は見かけず。

中橋の上にはボランティアガイドを中心にした10人ぐらいのグループがなにやらガイドの説明を聞いていました。知らない町へ行くときはやっぱりガイドさんについて歩くと数段理解が深まると思います。

柳の下にはどじょう、ではなく1段下の部分に立ってアクセサリー屋さんが雨が降りそうな天候にもかかわらずいつものように店開きしていました。夫いわく、「場所代は要るのかねえ」？（無許可営業を40年ほども続けていたそうですがこの時点からさらに12年たった2020年2月、排除されました）

また、高梁川からの暗渠《あんきょ》の水が出てくる、倉敷川の端っこのところには2羽の白鳥が。寄り添って格好のいい写真はなかなか撮らせてくれません。

そしてその脇の倉敷国際ホテルが経営するレストラン「亀遊亭《きゆうてい》」の前のところに、最近できたのか、石碑があるのをこの前見つけました。何でも、1911年9月、倉敷教会がここに最初の会堂を建てた、とあり、竹中幼稚園発祥の地だそうです。倉敷では歴史ある竹中幼稚園、夫もそこの卒園生なので、へえーっと驚いて見ました。

犬も歩けば棒にあたる、というのはこんなことを言うのでしょうか。歩くと色々な発見があるものです。

## 倉敷駅前の居酒屋「とん平」にて

2008年7月4日（金）

珍しく夫が夜の外食に行こうというので、どうせなら主婦の立場としてはなかなか行けない、しかも夫の同級生の経営する居酒屋さん「とん平」を思いつきました。

私の運転で近くまで行ってコインパーキングへ駐車し、そこから歩きました。駅前の路地裏。数年前に火事があり、ごく近所のところまで焼けたのに、幸いすぐ前の鉄筋の建物が防火壁になったようで、類焼を免れました。店主のカエちゃんは、お母さんの店を引き継いでやってるのです。夫の元の勤務先の兄貴分が東京からやってきたときにも何度かお連れして、気に入ってもらったそうです。

路地を入ると、立ちションよけの赤い鳥居が足許に。それがミニチュアながらけっこう本格的作りなので妙に感心しました。

のれんをかき分け店内へ。すると正面から奥へ向かって10席くらいあるカウンターにはずらりとオジサンばっかりでほぼ満席状態。手前左手のテーブル席は、やはり年配のリタイア組らしいオジサンたち。手前右のテーブルは唯一若者グループで、予約して集まったらしく、料理があらかじめ置いてありました。

仕方なく入り口寄りの角の、料理人とは一番遠くて話がしにくい席に陣取りました。カエちゃんはこちらを見て目で挨拶、金曜夜だもの、書き入れ時、おまけに2階に予約していたという9人のグループが入り、大忙しでカウンターの向こうの狭いスペースながら手際よくお刺身を盛り付け、2階へ運んでいました。

カウンターの上には大鉢に盛られたもつ煮込みだの大根の煮付けだの酢の物だのの品々。向かいには階段下のスペースを上手に利用して、お品書きの木札の掲げられた壁面の下にはビールサーバーやら、冷蔵庫やらレジやらが並んでいて、こちら側のカウンターのところの調理台の上と冷蔵庫などの間をカエちゃんを含め30代後半から60代くらいの女性4人が会話もせずてきぱきと動いているのを眺めていました。揚げ物を揚げる、盛り付ける、運ぶ、注文をとる、ビールをサーバーから注ぐ、運ぶ、焼酎の水割りを作る、などなどを無駄のない動きで一人ひとりが動くのが隙のないチームプレーに見えて感動的ですらありました。

夫は「生中」を頼み、私は運転してきたのでウーロン茶。あーあ、下戸でも歩いてきてせめて1杯くらい飲みたかったなあ。せめてお料理をと、しっかりしょうがの味の効いたもつ煮、おいしい。イカ刺し、新鮮で甘くてこりこり。タコ、ぶつ切り、もぐもぐ。写真を写せばよかった。何を食べたのかあまり覚えてない。あまりほかでは食べられないもの、と思って、「乙島シャコ」の空揚げを私、「どぜう」の空揚げを夫が頼みました。「どぜう」という表記の仕方は、カエちゃんの母親、先代の女将の書いたものを継承しているためか？　階段下の壁に和服姿の先代の肖像画が飾ってありました。

シャコの方はすぐ出てきてぱりぱりとおいしくいただきましたが、あれ？「どぜう」の空揚げは、芥子醤油だけが先に来て本体は出てこない。その前にテーブル席で大声で盛り上がっていたリタイア組のオジサンたちのところへ運んでいましたが……。どうやらそれが私たちの分だったらしく、少し落ち着いてきたところであら？　という感じで、カエちゃんが「どじょうの空揚げ、まだでしたか？」。よかった、帰らなくて。

カウンターの真ん中が空いたので席を移ってみると、それは1本の丸太を削って作ってどんと厚みのある豪快な感じで、さわり心地が実に滑らかで心地よい物でした。どぜうの空揚げが出来上がってきた頃、カエちゃんが携帯で呼び出した同級生のN氏が徒歩で現れ、夫と久々の会話を楽しんで、しばらくいました。同級生がやっているお店があるって、うれしいことですね。

このお店は地元の新鮮な魚介類などを気取らない料理にして出してくれるのが人気のようです。

## 玉島の古い町並み散策

2009年1月3日（土）

おせち料理に加えて運動しないので太りがちなお正月のメタボ対策とばかりに、ネットでウオーキングコースを探すと、岡山県のサイトに格好のウオーキングコースが地図つきであるサイトを発見。早速プリントアウトしてその中の玉島方面を散策することにしました。

まずは円通寺公園の駐車場に車を置き、山を下るところから出発。

山を下ると、川沿いに出る1本手前の角を曲がりました。すると、そこは仲買町という、古い建物が並ぶ町並み。このコースはこういう町並みの見学コースなのか、とわかりました。道の途中に古めかしい案内板があったり、なまこ壁の家があったりして楽しんでいるうちに川沿いの道に出会い、今度は川沿いに右折してしばらく行き、歩行者専用の、樋門のついた橋を渡りました。

渡ったところの左手には、以前お邪魔したことのある郷土資料館が建っていました。普通ならここでトイレをお借りできると思うのですが、何しろ正月3日ですので閉まっていました。シニアのウオーキングにはトイレの場所も重要です。……そのまま少し進み、信号のある交差点を右折。すると右手にはスペイン舞踊研究所という看板のある、由緒ありげな土蔵のお屋敷。さらに直進して橋を渡り、渡ったところを右折。港の風景が広がっていました。

そして左折すると、西爽亭という、洋画家の柚木祥吉郎氏のお宅だったらしい邸宅がありました。もしかしたら中も普通の日なら拝見できたのかも知れませんが……何しろ三が日。

そしてしばらくその通りを歩き、突き当たりを左手に曲がります。すると、以前来たことのある、「ALWAYS三丁目の夕日」の映画ロケ地という、樋門のところへ出ました。残念なことに、映画ロケ地の立て看板は無くなり、替わりに市会議員の選挙用掲示板が大きく設置されていてその風情は台無しで残念でした。

その樋門から見えるところに商店街の入り口があり、そのあたりでトイレはないかと、たまたま腰掛けて休憩中の人がいたので訊ねてみると、すぐその路地の奥にあるよ、と教えてくださいました。

商店の横手の裏にあったトイレに入り、ふと見ると、表はお店ですが、奥には立派な本宅があり、その間には緑豊かなお庭が配されていて、かつての繁栄した商店の様子を知ることができました。

商店街中ほどの、私の友人の実家だった商店は今は無人となり、シャッターが閉ざされていました。

先に通りかかった樋門をまた通り、右折して少し行って左折すると、プリントしてきた地図に配していた写真の建物に遭遇しました。そこは赤レンガ風の建物で、よく見ると右からの横書きで「みなと湯」。銭湯でした。銭湯にしてはずいぶんモダンなセンスです。

そしてそのお隣が羽黒神社。お宮の下を通ると道は自然にぐるりと左折していて、今度はまたもとの川に向かって西に道をたどります。

「遊美工房」という看板を上げている古い建物。何を作っている工房なんだろう。そして、倉敷食糧という古い建物。そのあたり一帯は問屋街とのこと。西国屋というお店は土蔵の扉を開けていて、そこではコンサートも開かれるのだとか。古い街に新しい試み、なかなかよさそうな興味深い試みです。

その通りを抜けると、来るときに渡った橋の1本下手にかかる橋を渡りました。本当は渡った先をまっすぐ行くコースだったのに、回りこんで元の出発地点に戻るという頭で、すぐに左折してしまいました。しかしそこでも、なにやら史跡めいた石碑の建つ旅館を発見。「備前藩御屋敷跡」。やっぱり栄えていた町には役人も目をつけるわけだわ、とちょっと納得したような気がします。

コースの間違いに気付き、途中から引き返し、先ほどの橋のたもとから直線のコースに戻り、円通寺のある山を登りました。ここでも途中から枝道に入ったら最後には道は畑の中に消えていて、畑のあぜをたどり、なんとか元の駐車場へたどり着くことができました。子供のころに戻ったような気分でした。

最後は、国民宿舎良寛荘でお茶をいただきながら、玉島の町や水島コンビナートを一望する景色を楽しんで帰りました。

## 瀬戸大橋遊覧とむかし下津井廻船問屋、下津井城址、野崎家別邸迨暇《たいか》堂へ

2009年2月21日（土）

最初の目的はブログで見た和食の店「うち田」に行く事でした。児島田の口のハピーマート向かいに2月5日にオープンしたばかりの和食のお店。予約なしに行ったのでカウンター席で

したが、1、500円で素材も多種類、手の込んだ繊細なお料理、主婦の私は手間の事を考えただけでもすごいと思いました。ただしそのクラスだとお刺身とか天ぷらなどはなくて、男性だと量が物足りないようです。(現在は閉店)

せっかく児島方面へ来たので、鷲羽山へ足を伸ばしました。レストハウスのある展望台からの眺めを楽しんでいたら、観光船の呼び込みの声が聞こえ、比較的時間があったので、この際と、乗ってみることにしました。「はつひ」と言う昔からある業者で、下電ホテルの建物の下をくぐって浜へ出ると、小さな待合小屋があり、先客が4人ほど。奥さんが1人1、500円の料金を徴収。細い桟橋の向こうに、90人くらい乗れると言う船がつないでありました。がらなのでゆったりみんな窓辺に座ると、出港です。先ほど呼び込みをしていたおじさんがガイドをしながら操縦する船頭でした。船は下電ホテルのある浜を後に、今では2世帯しかいないという島の廃校になった小さな学校の建物を紹介したり、与島の駐在の建物を教えてくれたり、橋は水平ではなくて四国側に行くにつれて橋げたが高くなって巨大船が通れる航路になっているとのガイドがありました。船の屋根の端は透明になっていて、橋の真下を通るときには見上げることができるようになっていました。橋を真下から見上げた時には、やはりその重量感に圧倒されるような気がしました。

船を下り、下津井の町の中の「むかし下津井廻船問屋」を訪ね、夫はお気に入りのそこでしか売ってないタコの足の干物を買いました。ちょうどお雛《ひな》さまの展示が始まったところで、2組のお雛さまがお座敷に飾られていて、薄暗い座敷の中で明るく華やいで見えました。

下津井には何度も行っているのに、城跡には初めて行ってみました。見当をつけて山の上のほうへ行くと、球形の石が乗った門があり、そこが城跡公園への入り口でした。二の丸の跡にはベンチのあるあずまや風の建物があり、桜の木があってお花見にはとてもよさそうでした。さらに登って天守閣のあった小高い基礎部分の場所を見つけ、その上に立つと、下津井の家並みが背後に見え、海側も瀬戸大橋のあたりの海が一望できました。戦国時代ならずとも、この場所は瀬戸内海の海運その他にとって重要な地であることは間違い

瀬戸大橋遊覧とむかし下津井

ないと思われます。春には桜の名所でもあるそうです。

次いで向かったのは野崎家の別邸の迨暇堂《たいか》。今年も近隣の一般家庭から寄贈されたりしたお雛さまたちが百畳敷きの大広間に飾られているのです。案内に立っていたボランティアの方から、まず野崎家旧宅のほうでチケットを買ってから行くように言われたので、それに従って本宅のほうで500円のチケットを購入。塩尻喜月堂の塩羊羹と塩饅頭の試食が置いてあり、「おいしいね」と食べた人の感想あり。

野崎家旧宅のほうは時間がないのと行ったことがあるのでカットし、別邸の迨暇堂のほうだけ見ました。広い間口の式台を入ると、100畳敷きの大広間には以前見たのよりは一段と数が増えてお雛さまの勢ぞろい。これだけの人形を飾り付けるのは手間も大変だったことでしょう。児島のおかみさん会やボランティアの皆さんのおかげです。古いのは江戸末期、新しいのは平成のものも。御殿飾りあり、色々。座敷の障子の外の回り縁側にも、ケースに入った日本人形などがぐるりと取り巻くように飾られていて、お庭と人形の両方を見ながら一回り。

玄関からの前庭には、ちりめんを使ったミニお雛さまなどのかわいい人形や、ぜんざいや甘酒の販売があり、私たちも250円のぜんざいをいただき、休憩してほーっと温まって帰途につきました。

## 酒津の桜は咲きはじめ

２０１１年４月３日（日）

倉敷では桜の名所と言えば酒津が有名。酒津へは、私は小さいころに母の実家の岡山市西大寺から祖母に連れられて町内会のバス旅行で行ったことがありました。その当時も立派な背の高い桜が咲いていて、高梁川からの取水池にはボートが浮かんでいて、とてもにぎわっていたような記憶があるのですが、今はボートは見あたりません。倉敷育ちの夫は小学生時代、家からバスに乗って来てこの池の南端あたりでよく泳いでいたそうです。学校にプールもない時代でしたから。義妹によると、帰りのバス代でアイスキャンデーを食べてから歩いて帰るか、バスに乗るかと悩んだとか。

取水池の周囲は、まだ満開には程遠かったのですが、桜はちらほら咲いていていました。池の西のほとりには柳の花が咲いていていました。石川啄木の歌を思い出しました。

「やはらかに柳あをめる
北上の岸辺目に見ゆ
泣けとごとくに」

歌集『一握の砂』（明治43年・１９１０）

土手の下の街灯につけられた表示に気付いて地面を見ると、木材のチップを利用した舗道になっているのでした。確かに足の裏への当たりが軟らかい気がしました。

このあたり、花見客もちらほら。

この桜並木は、私が幼いころに見た桜とは代替わりしているようで、昭和50年ごろに植樹されたというのだから、うちの子どもたちとほぼ同じ樹齢。そういえば、子供たちが小学校時代に遠足に来たときは、まだ木も若木で細かったようですが、今や立派な成木になっています。いつもは桜祭りのぼんぼりがもう設置される頃ですが、今年は東日本大震災の影響で設置しないようです。

取水口の近くに小さなビオトープができていました。3つの小さい池を少々いや大いに無粋なU字溝でつないでいました。ホタルが生まれるといいなあ……。

屋台が出ていたので食事を済ませて行ったのですが夫とタコ焼きを買い、川（酒津から流れ出す農業用水）を見ながら食べました。これがあまり売れないせいか6個500円もしたのに発泡スチロールの箱から取り出してくれたので予想通りぬるめ、「やっぱり焼き立てをハフハフ言いながら食べるのでないとおいしくないねえ」。

次いで農業用水にかかる橋を向こうに渡るとつい浮かれて夫はイカ焼き、私はフランクフルトを買って食べながら歩きました。（ごみは持ち帰りました。）

人工の小川が作られていて、まだ少し寒いというのに子供たちは裸足になって川に入って遊んでいました。いいなあ。

キャンプ用品のテーブルやいす、中には簡易テントまで持ち込んで焼肉などをしている人もいたので昔はなかったこちら側の広場のほうが大勢の人で、まだ満開のころのどんちゃん騒ぎはないものの、結構にぎわっていました。会社単位と思われる、広いブルーシートに社員らしい人が大鍋におでんなどを仕込んでいる風景も1カ所見られました。

それにしてもお花見に焼肉のにおいが漂うのやらどんちゃん騒ぎは似合いません。やっぱりお弁当を静かに食べて周囲に迷惑をかけないでほしいなと思います。

最初に車を止めた取水池からは、我が家の横へも流れてくる農業用水が流れだしてきているのでした。夫はここで小学生のころには傘を逆さにしてカンナギ（うなぎの稚魚）を取っていたそうです。今はひっそりとしていました。

来週あたり、まだ桜が散っていなかったらここらあたりも人だらけになることでしょう。

# 岡山県内篇

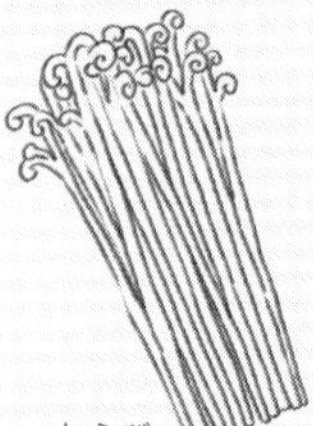
わらび

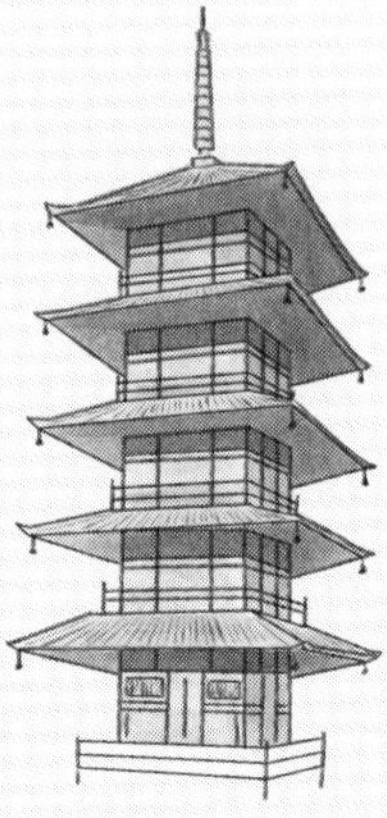
備中国分寺五重塔

# 夢二生家へ

２００５年７月23日（土）

この暑いのに、だんな様がどこかへ行こうというので、やってきたのが夢二生家（岡山県瀬戸内市邑久町本庄　夢二郷土美術館夢二生家記念館・少年山荘）。学生時代以来。たしかぶどう棚があったと思ったけど……と思っていくと、ありました。建物の前庭にぶどう棚があり、ちょうど季節柄緑色のぶどうがぶら下がっていました。入館料が５００円。

それほど大きくない田舎家、入って4畳ほどの変形の彼の部屋、１段下がっていて、木の格子の出窓があって、小さな机。隠れ家みたいで落ち着きそうな様子は昔のまま。窓から何を眺めていたのでしょう。あの部屋を見ただけで、値打ちがありました。子ども時代の夢二はここで何を思っていたのかしら、などと思いました。

また昔はなかった、「少年山荘」という、東京の彼のアトリエが再現されていて、そこにも彼の年譜があり足跡をたどって彼の生き方を思いました。好きな女性ができるたびに正直に生きた人なのかなあと。

そして、華やかな日本最初の商業デザイナーだった彼の盛んだったころを思いました。私の祖母の時代にはもしかしてアイドル並みの人気があったのか。関東大震災で出版業界が壊滅的打撃を受けなければ、もう少し時代の寵児でいられたかもしれないのに、51歳のときに結核で失意のうちに亡くなった、と知ると少し残念な気持ちになりました。

## 鯉が窪湿原（岡山県新見市哲西町矢田）

２００６年７月29日（土）

暑かったですが、夫がテレビで見て、ぜひ行ってみたいというので、鯉が窪湿原に行ってきました。

倉敷からだと、全行程が約１０６㎞、倉敷インターから岡山自動車道、北房ジャンクションから中国縦貫道へ入り、大佐サービスエリアで昼食。ここは岡山プラザホテル経営のレストランが入っていてメニューも豊富。「ふるさと定食」８５０円では、炊き込みご飯、豚汁、キスの天ぷらなど。

サービスカウンターで地図をもらうと、新見インターからだと22㎞、その次の広島県の東城インターからだと９㎞と言うので、東城インターまで行って９㎞一般道を引き返しました。

管理棟が以前行ったときの小屋に比べ、立派になっていて驚きました。入場料２００円を払って入ると……この時季に見られる植物の名前が掲示されていました。

オグラセンノウ　サワギキョウ
ジュンサイ
コバギボウシ　ビッチュウフウロ
ヒツジグサ
エゾミソハギ　クサレダマ　サギソウ

この中にはかつて大陸と地続きであった頃のなごりで、ここ鯉が窪と北九州と朝鮮北部にだけある貴重な植物もあるそうです。山野草として掘り取っていって我が物としたり、商売にしたりするなどもってのほか。大切に、この場所に来て探して鑑賞したいものだと思います。

ため池の周りに広がる湿原2・4㎞ほどを1時間半かけてゆっくり歩きました。木立の間からヒグラシのなんともいえないカナカナという声が聞こえてきて、同じセミの仲間でもアブラゼミみたいな暑苦しい声と違い、優

鯉が窪湿原

雅でした。

コースの半分ほどは、尾瀬に見られるような木道になっていて整備されています。1号橋から9号橋までだったか、池の周りを細い木橋を渡りながらいくと、さまざまな野草が咲いていて、名前を調べながら楽しんで歩きました。

中国縦貫道の東城インターまでの帰り道に、若山牧水の歌碑があると聞いて立ち寄りました。牧水が早稲田の学生だった頃、宮崎の郷里に帰省する途中に旅してこのあたりで詠んだのが、あの有名な「幾山河　越え去りゆかば　さびしさの　はてなむ国ぞ　けふも旅ゆく」だったとは、初めて知り、まさか岡山県で詠まれていたとは、とびっくりでした。奥さんと、息子さん親子3人の歌碑がありました。

## 矢掛町の大名行列

2006年11月12日（日）

「第31回矢掛の宿場まつり」の大名行列に、七五三を済ませた孫と娘夫婦、娘の嫁ぎ先の親類と一緒に見物に行ってきました。

沿道はすごい人波。そこを野次馬の私、なんとか人の前に出てしゃがみこみ場所を確保！

カメラを構えた人が、スローに歩いてくる行列を今や遅しと待ち構えています。「したーにぃ、したに」というエンドレスの掛け声がスピーカーで流れ、そのリズムに合わせて右、左としずしずと歩いてきます。先頭は本陣当主と先払いです。

続いて、道中奉行と袋槍。次は鉄砲隊です。右に左にオットット、というようなおどけたしぐさで進む奴頭と、奴たち。

毛槍です。柄をくるくる回しながら受け渡し、持ち手を交替しながら歩いて行きます。これは落とさないように練習が必要でしょう。

近習侍《きんじゅうざむらい》です。

殿様です。おかごに乗ると見えないので「徒歩《かち》にて参ろう」てなもんですか。

小姓です。殿様の刀を持つものと陣笠を持つもの。

中間《ちゅうげん》です。

奥方です。きれいな人だなと思ったら、岡山観光フレンズというミスコンテストの入賞者でした。でも、これ、ありえませんね、「入り鉄砲に出女」で江戸に人質として住んでいたはずの奥方が参勤交代に加わることは……。

姫君です。同じく岡山観光フレンズ。これまた、姫が参勤交代とはありえないですが、時代行列と思えば……。花を添えていました。

そして、「典医」、「茶坊主」「家老」「近習侍」「勘定奉行」「近習侍」「湯茶箱」「武具奉行」

「近習侍」「鉄砲」「袋槍」「毛槍」と行列は続くのでした……。

本陣前で行列は休憩。

見物していた私もしゃがんでいると足がくたびれてこの辺で退散。おかごが人波の向こうを進んでいきます。

この大行列は、矢掛の町が水害にあった昭和51年、商工会が町の人を元気にしようと始められたイベントだそうで、行列の参加者は地元のＪＡ職員、会社員、郵便局員、青年団員、高校生、信金銀行員、消防団員、教職員などなどの人々だそうです。外国人も10人ほど入っていました。

露店も並び、地元の農産品を自宅前で並べる人もありで、大勢の見物客を呼ぶお祭りとしては大成功でしょう。

## 雪舟の宝福寺と十二支の彫り物の備中国分寺五重の塔

２００７年１月21日（日）

毎年えとに関連した地名の風景などを木版画の年賀状にして送ってくれる友達から、早くも来年のえと「子」に関する場所はない？　と聞かれました。先ごろブログで聞いてみたら、瀬戸内海の小島に鼠島というのがあるとコメントを下さった人がいたのですが、どうやら船便がなさそうなので、こちらに行ってみました。

井山宝福寺です。鎌倉時代の貞永元年（１２３２年）に建立という由緒あるお寺で、ここで約５４０年前の室町時代、12歳で入門した少年がいました。お経を読もうともせず絵ばかり描いていて師の怒りに触れ柱に縛られていて、しばらくして和尚が様子を見に行くと、足元にねずみが……。

よく見ると涙で鼠の絵を描いていたのが生きているようだったというエピソード。

最近かわいらしい石像ができていました。

境内にある三重塔は１２６２年、室町の頃の建物で、昭和44年に改修されたそうです。

お昼は「サンロード吉備路」のレストランへ寄ったところ、たまたまバイキングで、20人くらいがロビーで待っていました。20分くらい待って1時過ぎにやっと食べられました。黒豆豆腐と枝豆豆腐に梅干のたれをかけて食べるのが珍しかったです。食べ過ぎないように、自分の健康にいい食材を選んで食べないとついつい食べ過ぎますよね。それでもマンゴープリンとマロンパイと、アイスクリームまで取ってしまいました。ピザは全然おいしくなかった……って結構食べています。

続いて吉備路の中心、備中国分寺に行きました。このあたり一帯が「吉備路風土記の丘」として整備されています。昔はこのあたりに民家が点在していたと思いますが、移転してもらい、電柱もなくし、昔の風景を再現してくれています。

境内には日本画の平山郁夫画伯がスケッチしたという場所に碑が建っています。そこから見た景色は、さすがに上手に画面に切り取っていることがわかります。

この五重塔の梁の上の周囲4面には、十二支のすてきなレリーフがあるのです。1面に3場面ずつ、大変立体的な彫刻。塔のまわりをぐるぐる回りながら見上げて鑑賞しました。

境内の茶店に入ると、五重塔の内部に安置されている、象に乗った普賢菩薩像や、五重塔の芯柱の写真、それにここでロケしたときの北大路欣也さんの時代劇の扮装の写真などがありました。お抹茶300円。

時間があったので、「こうもり塚古墳」なども見に行きました。小学生の頃、遠足でこのあたりの見学も確かしたはずなんですが……。

なだらかな田舎道を歩くのも久しぶり。民家も電柱もないし、時代劇ロケにも確かに向いています。

岡山県立吉備路郷土館にも、初めて行って見ました。この手前には、旧山手村村役場というわらぶき民家なども移築されています。

館内は古代吉備の遺跡発掘の出土品の展示など、吉備の国の文化は大したものだったんだなと再認識しました。岡山県の南部には古墳などがたくさん点在しているのです。

駐車場へと向かう道すがら、菜の花が咲いた畑もありました。国分寺五重塔のロケーションのために植えられているのかもしれません。このすぐ横にレンタサイクルの貸し出しがあり、駅に乗り捨てできるということでした。

春先にはこのあたり一帯にれんげ畑が出現するはず。楽しみです。

以前来たときには国分寺境内だけ見ておしまい、という感じだったのですが、今度はぜひ、このあたりを歩き回ってみたいです。

## わらび狩りに玉野市王子ヶ岳へ

2007年5月4日（金）

連休後半のみどりの日です。この日午後から下り坂で翌日から雨が降るかもしれないとの予報に、かねてから連休中に行っておきたかったわらび狩りに出かけることにしました。

山登りなので、身支度は運動靴に長袖長ズボン、それに軍手、わらびを入れるための持ち手つきポリ袋、それを腰につけるための短いたけのエプロン。腰紐だけでもいいのですが、エプロンのポケットも役に立つので。

コンビニでおにぎりとお茶を買い、いざ。

このところ行き先は玉野市王子ヶ岳と決めています。何しろ瀬戸内海の風景を眺めながら、しかも採れ方が半端でないので。

国民宿舎（２０１２年閉館）のそばの海岸駐車場へ車を止め、登山道から山登りにかかります。案内板では「ＯＪＩＧＡＤＡＫＥ　ＨＩＬＬ」とあるので調べると標高は２３１ｍ。海からすぐの山なので高く見えるのかも知れません。コンクリートの丸太で作られた階段、青竹踏みの要領で土踏まずでバランスを取りながら登るとゲーム感覚で面白く、どんどんはかどります。気づくと夫がはるか後方に。あらら。３人ほど降りてくる人に出会い、「こんにちは」と挨拶を交わします。中に一人、わらびを採ってきている人も。

途中でその道からそれて右手の斜面に分け入ります。いばらや、ウルシもところどころにあるので、注意深く進み、しだの葉を目印に、目をこらして探すと……あります、あります。根元のぽきんと折れるところから折り採り、腰につけた袋へ。うっかりするとすべるので、細い木の幹などにつかまりながらどんどん上へ。上から見下ろすよりは下から見たほうが見つけやすいかもしれませんね。折り採った跡もあるので、先客がもちろんいたようですが、次々に伸びてくるので問題ありません。食材探しと同時にスポーツ感覚です。いったん見つけると目を離さないようにしないと、すぐに周りの景色にまぎれて見失ってしまいます。そのため、帰り道同じコースを降りていってもまだたくさん採り残しがありました。

上のほうまでいくとちょうど12時前となり、手ごろな岩を見つけてお弁当。すぐそばに真っ赤なつつじ。そして眼下に広がる瀬戸内海の風景。運動の後のおにぎり、最高。成果もどっさり。

ふもとまで降り、そばのお店で一服。以前はイタリアンのお店だったような気がしますが、メニューを見ると軽食喫茶になっていました。開店間もないのか、オーナーらしい男性が出たり入ったりして、道沿いに立ててある看板の位置を直したり、鉢の位置を変えたり、メニュー黒板の前のウサギの人形の位置を直したり、お天気の様子を見たり。書き入れ時なのでお客さんの流れが気になるようです。

お天気が下り坂なので、青い海ではなかったのですが、時候もよく、海岸ではテントやビーチパラソルを広げて遊んでいる人も多数。せっかくなので玉野方面へドライブ。するとすぐに渋滞に入ってしまいました。でも、海辺で釣りをする人、小さな子どもたちと遊ぶ家族連れなどの様子を見るのも楽しく、かえってゆっくり走れるほうがこの道には合っていたようです。運転しながらでもデジカメで撮影でき、好都合でした。渋滞の原因は、海岸の山側の土留めの工事でした。

玉野から灘崎のファーマーズマーケット・サウスビレッジに寄り、安い産直野菜をたくさん買い込みました。広い平野部にはこいのぼりがところどころに泳いでいて、「五月だなあ」とのどかでおおらかな気分に。

帰宅後わらびはごみを取り、また根元のぽきんと折れる箇所を探して折り取り、重曹を振りかけて熱湯をかけ、鍋蓋で重しをして一晩置いてあく抜きをします。（茹でるとずるずるになるそうです。）

これでわらび狩り完了。大収穫でした。

## 田舎ＤＥ蕎麦、玉野市深山公園を散歩

２００７年５月19日（土）

やや涼しいうす曇の天候、遅めの11時過ぎ出発。なので近場にしました。新緑がきれいな時候なので、玉野市の深山公園をめざしました。

お昼前だったので、以前から気になっていた山の中のおそば屋さんへ。県道岡山―児島線の植松から彦崎への山道に入っていきます。目印は大きな円筒形の給水タンク。ＪＲ瀬戸大橋線のトンネル工事の時には飯場のプレハブがあったので、階段状に平地がありますが、そこももはや草ぼうぼう、柵で囲まれていました。

うっそうとした木立の間の山越えの道を登って降りると、「手打ち蕎麦　千田」という小さな看板。その案内に沿ってため池の横を通り、突き当たりの坂を上りきったところの民家がそのおそば屋さんでした。

駐車場にはすでに6、7台の車。こんなに奥まった場所なのに。いかにも農家、の庭先にしつらえたテーブルにも2組くらいのお客がいました。暖簾をくぐると土間。靴が10足以上並んでいて、脱いであがると、２間続きのお座敷で、そこに大きめテーブル２つと小さめテーブル２つ。あらまあ。けっこう混んでいて、食べ終えたざるが乗ったままのテーブルに着きました。

私たちが座るとすぐ次に相席のお客が4人入り、満席状態。注文をしてから来るまでに20分以上かかりましたが、そんな状態なので文句も出ず。注文したのは、天ぷらそば1、000円。

来たおそばは、思いのほか細くて上品な感じ。あっさりめの薄味のつゆ。天ぷらは、ナス、三つ葉、エビ2匹、糸みたいに細い掻き揚げを抹茶塩で。繊細、上品、さっくさく。お店を出ると外で待っている人も3、4人。

玉野を目指す途中でおかやまファーマーズマーケットサウスビレッジで産直野菜を購入。品揃えは春物野菜がほぼ出尽くして、端境期か。

そして目指す深山公園へ。園内の池の周りを歩くことにしました。生垣のドウダンツツジはもう終わっていましたが、目の高さにピンクの花がついた木があって、きれいでした。そして下を見ればタンポポが終わりかけ。ひっそりと、スミレも2種類咲いているのを見つけました。その他私が知っている草花といえばハハコグサくらいか。黄色のかわいい花や、ピンクの月見草みたいな花もありました。

ここは道も自然の中とはいえ整備がされているので、時折熟年が元気よく歩いてくるのとすれ違ったり、あずまやでお弁当を広げているグループを見かけたりしました。

木々はちょうど新緑で、空気が違う、本当においしい感じです。ここは木に名前が取り付けられているので、名前が分かるのはうれしいことです。椿や山茶花の新緑。手を加えられていない松の木の枝というのはあんなに長く直線的に伸びるものかと、まるで初めて松の木を見たみたいに思いました。うぐいすがまあ、こんなに大きな声で、と思うほどにはっきりと何度も美声を聞かせてくれます。日ごろ忙しくて会話も乏しい熟年夫婦も、歩くとボツボツと会話も出てきます。

細長いコースの一番奥の折り返しのカーブを曲がった後に親水広場や、アスレチック広場がありますす。ここは子ども会などの遠足の場としては格好の場所で、うちの子たちもよく楽しみに来ていました。今は太くて長い丸太のブランコが事故を心配して撤去されたようです。若い親子連れが貸し自転車で走ってくるのに何組かすれ違いました。やはり若い家族はこの子供広場が目的のようです。

コースの終わりに近くなって、道のすぐ上の山が、2年前の火事でまっ黒に焼けこげているのが見て取れました。なんとも無残。タバコの火の投げ捨てではないでしょうか。火の使用についての注意が20分おきくらいにスピーカーから流されていました。

ここの道の駅でアナゴの蒲焼1パック4本入り1、000円で購入。玉野は海も山も近くて自然がいっぱいです。

# 津山の城下町めぐり

2007年7月7日（土）

曇。最高気温は29℃くらい。津山を目指しました。高速道路で83・2㎞、2、300円。一般道（国道429号線）では74㎞（カーナビによる）。

お昼ごろに津山に到着。

城跡の鶴山《かくざん》公園脇の津山観光センターの駐車場に車を置く。店内に入りトイレを借りて、ふと見るとB'zの稲葉浩志さんが津山市民栄誉賞をもらっている写真が飾ってありました。実家のイナバ化粧品店は名所になっているとかで、ロードマップもあるそうです。

さて、と見るとレンタサイクルが目に入り、夫がその気になって借りることになりました。保証金として1、000円払い、帰ってきたらその時間に応じて料金を払う仕組みでした。2時間まで400円、以後1時間増すごとに100円、1日料金1、000円。

観光センターから西方面へ行くことになり、商店街を突っ切ってお寺の多い街へ。商店街は人通りは多くないものの、それほどシャッターの閉まった店はなく、まあにぎやかなほうかな。

ふと道の左を見ると、城下町めぐりのための案内板を発見。以後要所要所には観光案内板が設置されていて、とても参考になりました。
最初に行ったのは徳守神社。楠の大木が境内に生え、由緒ありげな風情でしたが、後で案内を見ると、大きなおみこしで有名なのだそうです。そういえばおみこしの倉庫のような建物がありました。

そこを出て通りを走っていると右手に古めかしいお菓子屋さんが。銘菓「初雪」、鶴山おこわ、田舎おかきなどの製造販売の武田待喜堂でした。
さらに行くと、石造りの橋のたもとに「出雲街道」と彫りこみのあるこれは新しい石柱。そして橋の名は「翁橋」。ここは城下町の入り口の番所があった場所だそうです。

その先に古そうな木造洋館。「作州民芸館」。そばの案内板によると、明治末期の建物で、土居銀行だったそうです。
また、そこの右へと入ると、津山藩主森家の菩提寺、本源寺。森家は織田信長の小姓で本能寺で有名になった森蘭丸の弟の忠政公から4代続いたそうです。5代目の跡継ぎがなく、松平家に代わったとか。

さらに同じ出雲街道沿いに、寿光寺の角まで行き、右へ。山手に突き当たり、右折して細めの道を山沿いに進みます。左手の山側の奥にはお寺があったかもしれませんが、目に付いたのは白加美神社の参道の美しい緑の木陰でした。涼しそう……。

さらに進み、カメラ屋さんの角から山手に上ると、右手に県立津山高校の運動場のネットが見えてきます。そこで右折し、敷地の外側を左折すると、学校の正門に出ます。かなり古めかしい木造校舎がありました。そこは、朝のNHKの連続ドラマ、吉行淳之介や和子や理恵の母、吉行あぐりさんをモデルにした「あぐり」のロケがあった場所でした。たしかヒロインあぐりの通った女学校の建物に見立てていたと思います。

高校から東へ進むと、由緒ありげな土塀が続きます。武家屋敷かな？　下校してゆく短いプリーツスカートとハイソックスの女子高生とは対照的な取り合わせかも。

坂を下りると城跡の丘が見えてきて、そこをめざして行くと、元の観光センターに無事帰着できました。1周したというだけでくわしく中に入っての見学はできませんでしたので、これで見たとはとても言えませんが、津山の街の魅力をほんの少しだけ訪ねたうれしい1時間でした。汗をかいたので、そこのお食事処にはいり、飲み物でも、と言う気持ちでいたらカキ氷が目に付き、今年初のカキ氷を注文。冷えすぎることもなく、ちょうど汗が引いてくれてほっとできました。

## 蒜山《ひるぜん》、塩釜の冷泉、三朝温泉

２００７年８月４日（土）

予想最高気温は岡山南部で32℃、北部で30℃。暑いのでやっぱり北へ向かいました。倉敷インターから高速道へ、高梁サービスエリアで11時前ごろ。

11時30分、蒜山インターで高速を降りる。２、８００円。インターから降りてすぐの交差点を右へ折れ「道の駅風の家」へまずは到着。特産蒜山大根はもちろん、野菜、果物がいっぱい。ここではブルーベリー３５０円、トマト１袋１００円や１５０円、小松菜１５０円、じゃがいも１００円で購入。そばの畑は耕されて黒々とした土でした。もうすぐそばを撒くのでしょう。

お向かいのおおきな蒜山そば屋さんで天ぷらそば、という私の提案は却下され、夫はジンギスカンがよいと、ヒルゼン高原センターの遊園地横を通り、三木ヶ原へ。以前も入ったウッドパオというお店で、一番少量の２、３人前のラム肉のセット３、９５０円。この日は「外」がよいと、牧場が見渡せる外のテント張りの席へ。だけど……風が少しあったので、テーブルの風下側には肉の脂が飛んできて、水のコップもお絞りの袋も脂だらけに。ラム肉は牛肉よりは体によいとか。サラダはお代わり自由でしたが、肉が焼けだすとそれどころではなく、おいしいので肉、肉、ご飯、肉、という具合でした。惜しいので食べ終わってからサラダをお代わり。三木ヶ原はこの日はジャージー牛の放牧は広い場所では見られず、端っこのほうに4頭ばかりいました。少しどんよりしていて、時折遠雷の音もしていました。

さて、と、塩釜の冷泉を目指しました。蒜山三座のうち1122mの中蒜山のふもとに湧き出す、旭川の源流でもあり、「名水100選」に選ばれた泉です。塩釜ロッジの横の駐車場に車をとめました。駐車場には「登山などで長期間駐車される人はロッジまでお知らせください」という看板が。ここは中蒜山の登山口に当たります。我が家も子供が全員小学生のころこの中蒜山へ登頂したことがありました。

徒歩で冷泉へ。すると、「取水禁止」の看板が3カ所くらい。くんで帰る人のマナーが悪かったらしいのです。しばらく歩くと、森の中に柵で囲まれた小さな池に到着。何カ所か水の湧き出ているのが見て取れました。季節を問わず毎秒300リットルという湧出量だそうで、川になって出て行くところに降りて水を触ってみると、10℃ということで、本当に気持ちいい、というよりしびれてくるような冷たさでした。

降りたところの茶店でジャージー牛乳のソフトクリーム、と思ったら冷泉の水で作ったというところてん220円もあったのでそちらに。凍ったブルーベリーとミニトマト入りでカラフル。木陰の席で食べるとこの日の暑さを忘れるようないい感じでした。取水禁止の立て札があったのに、ここやロッジには空の2リットル入りペットボトルが販売されていて、ポリタンクの取水は禁止でも、茶店やロッジに引き込んでいる水をくんで帰るのはOKらしいです。

駐車場への帰りの道端に産直野菜が並んでいたので、巨大なシシトウ1袋100円、ミョウガ200円、新ショウガ250円、モロヘイヤ100円で購入。

塩釜ロッジでトイレ休憩の後、娘が「三朝温泉の外湯に入ったことがあるよ」と言っていたのを思い出し、そちらへ行ってみることにしました。

しかし深い山道を30㎞、思ったよりはずっと遠くて、やっと温泉病院の横を通り、トンネルを抜け左折、温泉街に入りました。建物の1階部分が駐車場になっていて「日帰り入浴800円」というのの隣、温泉の橋の手前に「公営浴場ぼさつの湯」を発見しましたが、駐車場がなく、観光センター横の道路沿いに駐車。

古びた建物に入ると、70代くらいの女性が番台にいて料金は300円、タオルが150円。やれやれ、さすがに安いわ、と思って浴室へ。円形の湯船が浴室真ん中にありましたが、さて、と見ると、洗い場には桶しかなく？？？　なんと、石鹸もシャンプーもなんにもありません。きれいさっぱり。男湯のほうもそうらしく、夫が「石鹸がない」「湯が熱くて浸かっていられない」と叫んでいました。聞けば源泉は60℃くらいあるそうで、なるほど。洗うこともできず、しばらく浸かってから退散。あーあ。観光センター横の道端に駐車していたのも気になっていて、さっさと引き上げました。期待はずれでした。これなら手前の８００円の日帰り温泉というのに入っておけばよかった、それより帰り道の湯原にすればよかった、と話しながら時折降る雨の中を帰りました。

帰りは湯原インターから高速へ入ったので、倉敷までで２、３００円でした。

## 鯉が窪湿原

２００７年８月26日（日）

最高気温は約35℃の猛暑日でした。８月は鯉が窪湿原の花の種類が多いと聞いていたので、また行ってみることにしました。出発は10時ごろ。

倉敷からの行程はカーナビによると道の駅鯉が窪までが約１０６㎞、うち83・７㎞が有料、２、３００円。倉敷インターから岡山道を北上、北房ジャンクション経由で中国道の大佐サービスエリアまで行き、そこで11時25分。休憩し、鯉が窪湿原のパンフレットを入手。

新見インターで高速道から降り、右折して国道180号線を進み、途中から182号線へ、どこか食べるところはないかと探しながら進むと、左手に「和風レストランしんごう」というのを発見。商工会の農産品直売所に併設されたレストランでした。

入ってみると、地元産木材を使用しているのでしょうか、昔の小学校を思わせるようながっちりした角材を使った椅子とテーブル。日替わりランチみたいな定食を頼むと、イサキの煮付け、サンマのお刺身、地元のなんとか豆腐の冷奴、マツタケ?スライス入りお吸い物、ご飯、茎わかめ?の佃煮。ヤマメとか鮎ではなく、イサキとサンマとはね、といいながらもどれもおいしく、しっかりした味のお豆腐で1人前750円とは安い、と思いました。メニューにはその他定食いろいろ、名物モロヘイヤうどん680円など。

さて、12時少し過ぎにそこを出て道の駅「鯉が窪」へ。テントの下で金魚すくいみたいに水槽を置いてあるので何かな?　と思ってみると、どじょうでした。子供が2人すくいにかかっていました。また合鴨たちが首から番号をつけて囲いの中にいると思ったら、「スタート」「ゴール」の表示が向こうにあり、レースが行われた模様でした。ご当地ならではの珍しいイベントですが、さすがの暑さと昼時のため、哲西おこわと餡餅などを買って食べている人は休憩所の中で休んでいました。ここの食堂のメニューに「いのししどんぶり」と出ているのを発見し、ご当地メニューを食べ損なったとちょっと残念。

さて、道の駅から約３㎞山道を登り、湿原入り口に到着。管理棟の受付で協力金２００円を払うとパンフレット（サービスエリアでもらったものと同じ）をもらえます。湿原に入るともちろんトイレはありませんので、ここで済ませます。今年は暑いので池の水は農業用水として使われるためだいぶ水位が下がり、ヒツジグサなどは直接地面から咲いているのことでした。ビデオ上映などもあるのでここで予習してから入るほうがよかったと思いました。

12時50分に歩き始めました。ゆっくり歩いて約1時間30分ほどの道のりです。今咲いている植物の一覧が表示されていて期待が高まります。

前年7月末に来たときは「カナカナカナ」というほかでは聞かれないヒグラシの鳴き声が印象的でしたが、今回は聞かれませんでした。木陰は猛暑も忘れられるくらいに涼しく、落ち葉のたまった地面は柔らかく、心地よい歩きでした。リュックを背負った1人のシニア男性と近づいたり離れたりしながら歩くことに。ここで実際に見られたのは、コバギボウシ、ビッチュウフウロ、サギソウ、オグラセンノウ、ヒツジグサ、サワギキョウ、ジュケイ、ツルリンドウなどでした。ハッチョウトンボではありませんでしたが小さいトンボも2、3匹見かけました。

オグラセンノウは、以前見かけた場所になかったのでがっかりして行き過ぎると、リュックの人が「さっきの場所から4、5m先にありましたよ」とか教えてくれ、急いで引き返すと、通路からだいぶ入ったところにあり、私のカメラの12倍ズームでは無理な場所でがっかり。出口近くになってからすぐ手の届く場所にあることをまたその人に教えられ、楽に正面から撮影することができました。入るときには気づかなかったのですが、保護のためにここに人工的に植えられているもののようで、サギソウの群落も簡単な囲いがしてある中にありました。

出発したときには5台くらいだった駐車場の車が帰ってみると7台くらい増えていました。広い湿原内で出会ったのは6人くらい。

道の駅「鯉が窪」に再び立ち寄り、トマト1袋100円、ブルーベリー大き目のパックで525円を購入、それに行きに目をつけていたご当地アイス、哲西栗入りのマロンソフトクリーム（マロンのみだと300円、バニラは200円、ミックス250円）を。歩き疲れた身には心地よい甘みでした。

## 日生《ひなせ》・赤穂

２００７年９月30日（日）

曇、最高気温予想は25℃。これまでの夏の暑さから一変して、長袖に薄い上着が欲しいような陽気でした。

夫が「日生へ行こう」、と珍しく最初から明確な目的地。

倉敷インターから和気インターまでは高速道で、１、３００円。和気から日生の町へと入り、「五味の市」へ行こうとすると、その交差点に「日生港潮位情報　現在１・52ｍ」……高潮被害にあってからの対策なのかしら。

さて、五味の市、たまたま入り口では餅つきをやっていました。魚以外の地元産品?も建物の外では売られているようでした。

建物に入ると、売り場は時期がよいのか豊富な種類の魚介類でいっぱい。アナゴ、シャコ、ベカ、ハネ（スズキに出世する前）、エビ、ガザミ（ワタリガニ）、カレイ、ゲタ（舌平目）などど。交渉次第でお安くもなるのがここの魅力。

夫はワタリガニが欲しくて行ったのでまずはカニから、5杯で1、500円という格安、次いでシャコが山盛り1杯で1、000円。私はお寿司や天ぷらに利用しようと、アナゴを、3匹おまけしてくれて15匹で2、000円。ヤッター、焼いて冷凍しておこう。最後にベカが目に付いて、1山こちらは500円。地元スーパーでこの半分くらいを先日298円で売っていたので、「あまり安くないね」と店の女将さんに言うと、「このところ急に涼しくなって海の中も取れるものが変わってきたんです。これまではベカが大量にとれていたんだけど」というお返事。なるほど、秋になると潮目が変わるというのか、お魚の旬も動いてくるんですね。

エビも気になったものの、家に帰ってからの作業の量を思うと、シャコも大量に買った

日生　五味の市

のでこれ以上は、と買い物終了。

お昼は毎度行く、漁師の店「磯」へ。ここでは日生の海で取れたものしか食べさせないという、見てくれより実質の海鮮料理店です。

一品ずつ頼むよりはセットのほうがお得かな？　と久しぶりに「磯料理」というセットを頼みました。刺身盛り合わせ、茹でシャコ、天ぷら盛り合わせ、エビの塩焼き、ご飯、味噌汁（カニ足入り）、漬けもの、というセット。刺身はミル貝、イカ、ボタンエビ、スズキ？　天ぷらにはえびやふぐ、アナゴが丸々1匹のもついて、豪快。車えびの殻ごと丸1匹の塩焼きも豪華。出しにカニが入った味噌汁もおいしいし、ここの大根のお漬物もおいしい。これで1人前2，625円。値段だけから言うと高めですがこの内容とボリュームなら文句も言えないでしょう。

さて、満腹になって、海岸線を東へ。ＪＲ日生駅の少し東に、最近移転建て替えられた備前市立日生病院のブルーっぽい建物が見えました。以前の駅から西にあったものは確かにとても手狭だったし、駐車場も広げる余地もなかったですからね。

日生に行くとなぜかセットのようにして赤穂までドライブしてしまいます。今回もまた、大石神社から二の丸庭園のあたりをぶらつきました。

大石神社では、清めの水のひしゃくの裏側をふと見ると、狂言師の和泉元彌さんと奥さんの晶紀さんとお子さん2人、姉の三宅藤九郎さん、母親の和泉節子さんらの書き込みのあるものが。テレビ番組で来訪したときのものらしく、ロケの風景の写真が掲示されていました。

以前はここにガイドの姿を見たことはなかったのですが、今回行くと門前のお饅頭屋さん専属のガイドさんが、「帰りには是非○○屋でおみやげを」、と宣伝しながらガイドをしてお客の一団を引き連れて歩いていましたので、ちょっとだけその尻尾について興味深く聞かせてもらいました。赤穂浪士の裏話と言った趣向の話があり、討ち入りの時に四十七士は血縁のものも少なくなかったので、親子などは親が表門、子が裏門という風に別れたのだそうです。情が邪魔をして戦いにくくなるのを防いだのだとか？　ちょっと博学になったかも。

二の丸庭園の復元工事がどのくらい進んでいるかもここへ来る楽しみの一つですが、重機の姿はなく、小休止状態のように見えました。また、以前はそのあたり一帯に民家がたくさんあったのがすべて立ち退いて、かつての民家の敷地は低い板塀で囲ってありましたが更地。これからお城を取り巻く武家屋敷なども復元されていくのでしょうか。広々とした空き地を眺めながら、歴史博物館を横目で見て、赤穂を去りました。

そうそう、郵便局の看板の表示が昨日までとは変わっていて、郵政民営化前日の様相を見せていたのが印象的な9月30日でした。

## かさおかカキ祭りと華鶏大塚美術館

2008年2月17日（日）

最高気温予想は8℃、晴れ。少し前からテレビで「笠岡でカキ祭りのイベントがある」と知り、日生が空振りだったものですから、今度は早めに行ってみよう、と9時から開催と知って朝8時すぎ出発、倉敷インターから笠岡インターまで高速道路で。

しかし、肝心の場所をいい加減に聞いていていて、インターネットで調べもせずじまいだったものですから、カーナビで「笠岡漁港」と入れてもヒットせず。困ったなと思いながら見当をつけて走っていると、案内看板が見えました。よかった。漁港とは全く関係ない場所でした。

広々とした笠岡湾干拓地の一角。遠くからちいさなアドバルーンが上がっているのが見え、近くなってから見ると、ちゃんとカキ祭りと書いてありました。会場には万国旗みたいにたくさんの大漁旗がなびいていて、漁連や笠岡諸島の皆さんの手作りイベントみたい。以前NHK岡山の番組で企画された「しまべん」の表示も見かけましたが、数が少なかったのか実物は見えませんでした。

「本部」のテント前では何でこのイベントを知ったか、などのアンケートに答えた人には後日抽選でカキ何キロかを送ってくれるというので、群がって記入していました。

そのお向かいのテントには、「カキつめ放題　大人1、000円　子供500円」とあり、15分刻みで整理券が出されていて、広場中央に2～3mの高さの小山にカキが積み上げられていました。すごい量。

枯れ草の土の広々とした会場の周囲にはテント村ができ、殻付きカキ5kg入りトロ箱はすでに売り切れ、1・7kg入りの袋が1、000円でした。2袋購入。

その他お魚をはじめにぎり寿司、カキ入りのパスタ、同じく焼きそば、うどん、シチューなどのカキ尽くしメニューがなんといってもメイン。せっかくなのでまずはカキフライ6個入りをたこ焼きみたいに楊枝で。次いで私はシチューを200円で、夫はうどんを300円で。

寒かったけれど広場には長机と椅子が用意されていて大勢食べていました。殻つきカキを買って焼いて食べるコーナーも。今回は9時過ぎに入場できたので割合ゆったりと見物したり試食したりすることができて満足でした。太鼓のイベントもあるようで、出演者が準備中でした。

45分ほどで一通り見てから、一方通行の誘導に乗ってそこを出て、さて、と、井原線高屋駅の前にある「華鶏大塚美術館」に行ってみました。井原線開業のときに電車で行ったときには、次の電車が1時間後だったのでその間に、と見る大勢のお客でいっぱいでしたが、今回はひっそりとしており、ロビーで新聞を読む人が1人だけ。おかげでゆっくりと感想を話しながら回ることができました。ここはタカヤと言う会社の企業メセナで建てられたもので、オーナーの大塚さんの名前が入っているようです。日本画家の金島桂華の花鳥図を中心に収集されているために名前に華鶏と付けられたようです。近隣の出身の日本画家のものが多いですが、竹内栖鳳、横山大観、堂本印象、川合玉堂、橋本関雪、上村松篁ら大家の作品も展示されていて、季節物の梅の雪、寒椿、冬の竹、わらびなどの絵が多く、季節ごとに訪れる楽しみのあることを示していました。

またお庭は「華鶏園《はなとりえん》」といい、上田宗箇流第15代家元・上田宗源宗匠の設計管理だそうで、絵を見終わった後ほっとする風景でした。

夕食のメインにはもちろん買ってきた殻つきカキ。無水鍋で8分ほど蒸してから息子たちはバターで、何もつけないそのものの塩味でも充分で、殻もきれいに洗ってあったので手間も大してかからず、3・5kgくらいで大人4人ちょうどいい分量でした。

## 蒜山の遅い春は山菜がいっぱい

2008年4月28日（月）

カレンダーでは平日ながら、夫は休みだったので、「北へ」。蒜山へ行ってきました。行程は約107㎞、倉敷インターから蒜山インターまで2、800円。

米子道あたりではまだ山桜が咲いており、桜の名所のソメイヨシノは散ったものの、このあたりはまだ沿道で花見ができました。

蒜山の三木が原へ着くと、はるかに望む大山《だいせん》はまだ雪をいただいており、緑の牧草地の向こうに中国酪農大学校の赤い屋根が見える景色。吹く風はやや肌寒い感じ。ちょうどお昼だったので、「ひるぜん大将」でジンギスカンを食べました。食べ放題で、私たちはAコースのラム肉と野菜、一人前1、600円のを選びました。が、おかわりするほど食欲もなく、損した気分。肉はやや厚めに切ってあり、北海道のは前にたれをつけてあるのに対して、蒜山のは「後たれ」だそうです。牛肉より脂っこくなくヘルシーなのはうれしい。

その後、めったに行かないヒルゼン高原センター・ジョイフルパークの土産物コーナーへ行って見ました。若者向けのソフトクリームやマフィン、ジェラートなどのおいしそうな、しかし太りそうな食べ物の誘惑もありました。ファンシーグッズの中には、鳥取も近いせいか水木しげるさんの鬼太郎グッズも。私はひすい色の「えだまめこんにゃく」を530円で購入、これならヘルシー。

外へ出たところに池が作ってあり、特別天然記念物の大サンショウウオがいました。体長117㎝、体重17㎏という堂々たる体格。しかし真っ黒けでのっそりと水底に沈んで動かないのでまことに愛想がない。井伏鱒二の「山椒魚」を思い出します。

次いで道の駅「風の家」の産直野菜売り場はここへ来たときには必ずといっていいほどのぞきます。

名物蒜山大根はありませんでしたが、その代わりにたくさんの山菜。コシアブラ（「薄い衣で、天ぷらが美味しいです」との説明あり）、ササノコ、コゴミ（「天ぷら、ゆでてからごまあえ、マヨネーズあえ」との説明あり）、ヤブウド（ゆがいて和え物、そのまま天ぷら、汁の具など）、それにツクシ、ヨモギまで。売り切れて説明だけあったのは「ヘイトコ」。「皮つきのまま米のとぎ汁で水からゆでてアクを抜きます。あえ物、煮物、天ぷら、生のまま焼き物（皮をつけた状態で）」と言う説明があったので、たけのこに似たものかな？

この日はササノコ（150円）、ヤブウド（100円）、ツクシ（200円）を購入。取る労力が大変だったろうなあと思います。その他国産の豆類の中から北海道産の白花、紫花豆の

５００g入りを購入。国産はなかなか手に入らないのです。
この季節ならではの珍しい山菜を手に入れて、蒜山を後にしたのでした。

## 鯉が窪湿原の9月

２００８年9月14日（日）

10時55分出発。行程は約１１３㎞、高速道路料金は倉敷インターから新見インターまで２、３００円でした。北房ジャンクションを左へ、中国縦貫道の大佐サービスエリアで一服、案内カウンターで情報を手に入れます。

ここで12時でしたが、途中の食べ物屋さんは、というと「レストランしんごう」を教えてくれたので、昨年と同じくそこに決めました。新見インターで降りてレストランしんごう。しかし前回とメニューが違っていて、和定食のようなのはなくなり、うどん定食と焼肉定食が主体のようでした。そこでモロヘイヤ天ぷらうどん、９５０円。隣のカツどんはすぐ来たのに、15分くらい待たされました。テーブルが10ほどでかなり空いていたのに。別棟のトイレに帰りがけに行ってみたらぺーパーホルダーには紙も、ぺーパーの芯もなく、水洗なのにとがっかり。トイレの管理もきちんとやってこそ、と思いました。

さて、そこからは1本道、右手に道の駅が見えたら左に曲がり、山道を３㎞くらい行くと、鯉が窪湿原の入り口です。連休なのでさすがに10台ほどの車が止まっていました。管理料として２００円を払い、立派なトイレで用を足してからいざ。湿原に向かう道の入り口には、靴の泥をぬぐうためのマット。外来植物を持ち込まないように、しっかり靴の泥をぬぐいましょう、との掲示。なるほど。

見れば今年の空梅雨の影響か、水がぐっと減り、岸辺の地面ばかりが目立つ状況。池の土手に咲いていた紫色の花もこの時期は影も形もなし。時間がないのでどんどんと歩いていくと、山際に真っ白なきのこが。この開いていないつぼみは、ちょうどゴルフボールみたいに見えます。９月に行ったのは初めてで、秋を感じました。その他茶色いのと、毒々しいピンクのきのこも見かけました。

木道を歩くと以前には感じなかった雑草の伸び具合。農繁期に入り、管理が行き届いていないのかもしれません。池の周囲の少し浅い部分には萱のような丈の高い草が生い茂っていました。

めざす植物の中では、湿原の一番奥まった部分にビッチュウフウロがこれまでになく多数見かけられたので、この時期が最盛期なのかもしれないと思いました。朱色のオグラセンノウやサギソウ、以前は2、３輪見かけたのに今回はありませんでした。その代わりシラヒゲソウ、ミズオトギリ、それに前回見られなかった赤くて可愛いハッチョウトンボを夫が見つけてくれました。小さいのでとても注意深く探していないと見逃してしまいます。3、4m先に止まっていて、カメラのピント合わせに苦心しました。また、体の向きがあまりよくなく、よい写真は撮れませんでした。トンボに「向きを変えて」と言いたかったです。

中年夫婦が3組くらい、すれ違うとどちらかが木道から降りて道を譲り合い、「こんにちは」と挨拶するのも気恥ずかしいながら気持ちの良いことでした。ほかに家族連れが2組くらいとすれ違ったり向こう岸に見えたり、ほどほどの人の密度の自然観察、今回は聞こえてきたのはおもちゃの歯車が擦れ合うような「ギ〜」というような音。虫なのか鳥なのか。自然の中にこんなにも溶け込んでの歩き、いつまでもこの大切な湿原を守って行きたいもの、と思いました。

## ちょっとそこまで日生まで

2008年9月28日（日）

あまりにもよい秋日和なので、「歩きに行こうよ」と出かけようとしたら、色々と用事をしながら、と言うことでついつい車でそこらへんへ用足しに、ついでに足を伸ばして……あらら、牛窓へ行こうと夫が言っていたのに、私がブルーラインへ入ったものだから降りそびれて……日生まで行ってしまいました。


日生と言えばやっぱり「五味の市」へ行かねばなるまい、っていうわけで……。

しかーし、この時期の漁が少ないのか、時間帯がもうお昼だったからか、駐車場もいつになく閑散としていて、建物の外の屋台も閑散……。

中の売り場もほとんど出てなくて、ようやく開いていたおばあちゃんの売り場で、ベカとエビをそれぞれ1、000円で。私「冷凍庫も余裕がないから少しでいいのに」おばあちゃん「まー、そんなことを言うて。エビ、おまけするから買うてぇ。茹でて干しといたら、だしにもなるし、酒の肴にもなるよ」という上手な売り込みで、大量のエビを買わされてしまい、そんなのぶら下げてどこへ歩けと？


……お昼だし。というわけで、向かったのは、お向かいの「海の駅しおじ」。入り口のところでアジの干物を作っていました。これもお店で売るのかな。「しおじ」のメニューがいまひとつだったので、隣の建物「もやい茶屋」へ。

ずっと何度も日生へは来ているのに、そしてこの建物も見ていたのに、初めて入りました。中は割合広くて、そこそこお客も入っていて、ウエイトレスの女の子も割と感じのよい子でした。

これまで何度も行った漁師の店みたいな「磯」はお魚がどーんと、と言う感じでしたが、こちらは一般的な定食。でももちろんメインはここで取れたお魚。

ぶら下げて行ったエビの入った袋は足許に置いて、私はイシモチの団子定食。団子ってどんなのかな？　と思っていたら、きれいな大きなお団子が3個ずつ串に刺してあって、ところどころ骨がプツプツしていましたが、実質があって、カルシウムいっぱいそうで、からし醤油をつけて食べるととっても美味でした。メバルの煮付け定食の夫、うらやましがりました。メバルは骨が半分近くあるけど、こっちは正味ですから。

そこの窓から見ていたら、さきほどの「海の駅しおじ」の裏手でなにやら家族連れが食べています。冬場に「カキオコ」を食べたところの隣のコーナーで、コンクリートのU字溝に炭があったような……と思ったら、海鮮バーベキューみたいなのをやっていたようです。知らなかった。そっちは新しく始まったみたい。何度も来ていたけど変化もあるみたいです。

気付けばお散歩するはずがほとんど歩かず、日生を後にしたのでした。

夕食は、五味の市のおばあちゃんが「ベカはお刺身でもいけるよ」と言っていたので、お刺身も作り、足で煮付けも。

お刺身は縦に細切りにしたらコリコリ歯ごたえがあって、初めて作りましたが、美味でした。エビは殻をむいてミックスベジタブルと掻き揚げにしました。こっちも惜しげなくたっぷりと使えたのでおいしくいただけました。

## 紅葉の谷を上り美星の青空市へ

２００８年11月16日（日）

所用があり真備町と玉島へ行き、さて、そこからどこかへ行こう、と夫に運転を代わってもらったら、「また美星へ行ってみよう」ということになりました。助手席で私はついうとうとしていたところ、夫の「わーっ」という声に驚いて目を覚ますと、そこは文字通り目も覚めるような美しい紅葉の広がった谷あいの道でした。細かいもみじの紅葉、道から谷川への斜面にずっとずっとこの紅葉の木が続いていました。紅葉の名所は「もみじだより」として報道もされていますが、期待しないで通りかかっただけに余計得した感じ。

めざす井原市美星町の「星の郷青空市」に到着。ここで12時前となったので、買い物にはやる気持ちをぐっとこらえ（単に腹ペコだっただけともいえる）……、敷地内のレストランの前には、黒板にお弁当形式のランチの絵が描いてあり1，000円。うどん、そばもありましたが、こちらの地産地消メニューの定食に決定。

和風の格子の引き戸を入ってみると店内は屋根裏が見えるような山小屋風の作りで、ウエイトレスの女性もとても感じがよい。車椅子のおばあちゃんが食べ終えたところ。家族の人に食べながら待っているようにつれてこられたらしい。

コロッケはクリーミーなのでクリームコロッケかと思ったらサトイモのコロッケだそうで。星型の麩の入った味噌汁のおだしもおいしかったし、菜っ葉や大根の煮物がついてるのもこの地らしくて好感が持てるし、何よりお野菜全部が多分ここの産物と思うと、ヘルシーそのもの。デザートは地元産の柿。おいしいコーヒーつきで1，000円というのはお得感がいっぱい。

産直市のテントで買った野菜の数々は……。

ほうれん草1束80円、白菜1個110円、生しいたけ1袋260円、キャベツ1個（小さめ）80円、白ねぎ3本100円、ピーマン1袋60円、春菊60円、サトイモ（たくさん）1袋320円。時期もちょうどよかったのでしょうが3割くらいは安いのでは。

そのほか野菜のテントの隣にはパン工房も。のぞいて見ると時すでに遅し、ほとんど売り切れ、コッペパンとごぼうパンとブルーベリーとチーズのペストリーなどで650円。

野菜売り場から近い建物の軒下には草餅とか、あんころ餅とか、山菜おこわなど。あん入り草餅（焼き餅）６個入り４２０円。

建物内に入ると、星の郷ブランドのおせんべいやそばかりんとう、お味噌。ここで素材から生産されたものばかりというのが魅力です。

牛乳にヨーグルト、プリンにアイスクリーム各種。プリンはテレビ取材も受けた様子。お肉もまたこの地で生産されていて、ベーコンなんか絶品だと思います。端切れのブロックを購入しました。ごろごろに切って野菜の塊と一緒にスープ煮にするとよいだしが出ます。その他真空パック包装の鶏肉を私は購入。

買い物を終えて駐車場に出ていっぱいの車のナンバーを見ると、岡山、倉敷はもちろん、福山や神戸まで。こんな山の中の産直市に？　とびっくりですが、納得するところもありました。

帰り道は先ほど買ったそばかりんとうをかじりながらのドライブ、おいしくて後を引きました。総社の美袋《みなぎ》方面へと下りましたが、これがまたすばらしい紅葉。もみじの名所を見に行ったわけではないのに、命の洗濯ができたみたいでした。

## 高梁《たかはし》の歴史散策コースを歩く

２００９年４月26日（日）

前日は風雨が吹き荒れ、この季節にしては肌寒く日中の最高気温が16℃。裏付きのジャンパーを着込んでのウオーキングです。

目的地は高梁市。以前玉島、児島、早島と歩いてきた県のサイトに高梁市のウオーキングコースがあり、それを参考に歩くことにしました。

カーナビに「高梁総合文化会館」を入力して到着。駐車場に入れさせていただき、トイレにも行かせてもらってからいざ、出発。お寺などを見学して途中昼食も取って、10時半～午後１時半くらいまでかかりました。

最初のポイントで前半のハイライトは松連寺。田んぼの向こうにこのお寺が見えたときは、立派な外観に圧倒されました。真言宗御室派仁和寺の中本寺だそうです。現在の建築は明暦３年（１６５７年）移築されたもの。武家諸法度で城の新築は難しい時代、備中松山城の砦として城郭のような建築にされたものだそうです。そそり立つ石垣が見るからにお城を連想させます。境内は大変見晴らしがよく、この地の出身の書家・清水比庵の碑がありましたが、読めません。解説書でも設置されてくれていたら。

次いで泰立寺。真言宗のお寺。松連寺と隣り合っていてやはり高い石垣のうえにあります。寛和年間（985～987年）の創建。「寅さん」映画のロケ地という石碑あり。高梁はあの「寅さん」の妹さくらの夫・博の実家のある所という設定だそうで。「口笛を吹く寅次郎」（1983年公開）は、寅さんシリーズでも名作なのだとか。マドンナ役は竹下景子さん。

そこを出ると少しの間でしたが、幅1mくらいの道がなんとものどかでよかったです。

次は道源寺、それから八幡神社。次いで、向こうに緑の春草が生えているのどかで柔らかな感じの石段が見えてきました。浄土宗知恩院の末寺、寿覚院です。山門にはとても趣のある書の看板。境内の墓地からは吉備国際大学の建物が見えました。

寿覚院と隣り合っているのが巨福寺《こうふくじ》。日蓮宗のお寺で文和4年（1355年）の開基だそうです。

そして龍徳院、やっと平地に近い高さになりました。龍徳院の隣を流れるのは紺屋川。川沿いは美観地区です。

頼久寺へは橋を渡って向こうです。その橋から上流を見ると、小さな滝があって、滝音が耳に響きました。このあたりは高梁市でも観光の中心になるので案内表示も親切です。道路上にもあります。

ハイライトは頼久寺です。臨済宗永源寺派のお寺。暦応2年（北朝年号1339年）、足利尊氏が再興して備中の安国寺と号したそうです。寺を一新した松山城主上野頼久公にちなんで安国頼久寺と改称したとのことです。作庭で名高い小堀遠州は父が賜った所領を引き継いで父の没した慶長9年（1604年）から元和5年（1619年）までこの地にいて、お庭を造ったそうです。拝観料300円。奥のほうの愛宕山が借景になっていて、植え込みの奥のほうに亀の形の亀島、手前に高い鶴の形を模した鶴島があり、左手には青海波を表すさつきの大きな刈り込みがあります。前日の大雨に洗われて緑が輝くばかりに美しかったです。

じつは以前（2008年10月）鹿児島県の知覧の武家屋敷町を見学したとき、ここ頼久寺のさつきの青海波のような刈りこみを参考にしたというものが1カ所あって驚いた事がありました。知覧と高梁、どのような縁があったのでしょう。

再び川沿いに。紺屋川沿いの美観地区を歩きました。倉敷川のゆっくりした流れとは違いさらさらとしたせせらぎです。もともとは日本一高い山城として知られた備中松山城の外堀だったとか。川沿いには岡山県最古のキリスト教会があります。木造。中はちょうど日曜礼拝がまだ行われており見学する事はできませんでした。日本で最初に孤児院を創設した石井十次を扱った映画「石井のおとうさんありがとう」（2004年公開、松平健主演、山田火砂子監督）でもここでロケをしたようです。

同じく川沿いに観光物産館があり、お昼を食べられるお店を聞くと、チラシをくださり、「魚富があります」と教えて下さいました。静かな町で飲食店というのが本当に少ない。魚富へ行く途中は古い町並みで、様々な商家らしい古い様式の建物が多く楽しませてもらいました。「魚富」では外で話していた人が「いらっしゃいませ」。魚屋の向かいにあって、12時開店でした。日替魚富会席、1、155円。夏場はアユのコースがあるそうです。ここで隣に座ってビールを飲んでいた、法事のために東京から帰省したという人と、袖触れ合うも他生の縁、話してみるとこの後は千屋牛のステーキが楽しみなんだそうです。千屋牛、地元の誇る牛肉です。お店を出ると、図書館と並んで建っている、もと小学校の校舎本館だったという、郷土資料館を訪ねました。入館料300円。幼い頃の思い出に出会える展示の数々を拝見。帰りはJR津山線の沿線を歩きました。線路沿いとはいえ思ったよりは風情のある小道でした。歩き疲れたのと時間もあったので、朝霧温泉「ゆ・ら・ら」（2012年12月閉館）へ入ってから帰途に着きました。

## 緑と涼感を求めて　岡山県立森林公園

2009年7月18日（土）

前日の大雨の湿気も残って蒸し暑くなりそうな日。涼しそうなところ、と思って久々に岡山県立森林公園を目指しました。行程は約118㎞。倉敷インターから院庄インターまで、ETC割引があったので1,000円。院庄からの道沿いにはお店もほとんどないので、高速に乗る前にコンビニでおにぎりを調達。歩く予定のときはおにぎりが最適。弁当ガラがわずかですから。

出たのが遅かったので、現地到着は12時30分ごろ。心配したほど駐車場に車はなく、人少なめらしい。

管理棟でトイレ休憩、入り口で現在見られる花の写真をあとで事典代わりにするのにデジカメに収めておきました。歩き始めるとじきにさらさらと水の流れの音が耳に心地よいこと。「まゆみ園地」にはところどころにテーブルとベンチがあるので、その一つに腰掛けておにぎりを食べました。昨日の雨で木のベンチが湿っぽかったですが、せせらぎの音を聞きながらのお弁当はとても気分のいいものでした。

管理棟でもらってきた簡単な地図を頼りに、体力と持ち時間を考慮しつつ、南展望台、北展望台を回って帰ってくるという、この334ヘクタールもの広大な自然公園のほんの一部だけの散歩をしました。

地面には白いナツツバキの花がところどころ落ちていましたが、見上げても高いところの枝から落ちたのか、全部落ちてしまったのか花は見えませんでした。

道は木の根っこがいっぱいで足元をよく見ながら慎重に歩きました。南展望台からは園内が一望でき、県境になる山の稜線も見えます。ほわーっ、と深呼吸。同じ展望台と名の付いたところでも、北展望台はほとんどそういう風景は見えません。ただ四等三角点が、傾いた杭に守られてひっそりとありました。先日見た映画「劔岳　点の記」で、全国に三角点を立てて測量した話があったので、これもその一つかと、感慨深く見ました。梅雨の時期のせいか、白っぽいキノコが数本生えていました。

そこから「おたからこう湿原」へ行くつもりでしたが、実際行ってみると結構距離がありそうだったので、すぐ下へおりて苔むす木の橋を渡って中央園路に入りました。このあたりで汗がジワーっと出てきました。

山アジサイの青いグラデーションがところどころにあってきれい。それに草花もノアザミ、オカトラノオなど見つけては写真に収めました。

園内いたるところ中国山地から湧き出したと思われる小川が流れていて、これはたぶん吉井川の源流の一つとなっているのでしょう。

ナツツバキの花は終わりかけていて、いたるところに花が落ちていたのですがなかなか咲いているのにお目にかかれず、やっと1本の木の低いところに花をつけているのを見つけました。

以前橋を渡して花を観賞できていた場所には、葉っぱだけの花のないミズバショウが。そして県内ではめずらしい唐松の林がりんとしたすがすがしさで広がる場所。

そして管理棟に帰って、一休み。暖炉があって、冬場だとこの前であったまるといいだろうなあ、と想像。丸木を細工した椅子もとてもすわり心地がよいものでした。珍しいアキグミ茶のサービスがありました。

森林公園を出て山道を下っていくと、町が植えたものか沿道に、倉敷ではとっくに終わったあじさいの花がとても色鮮やかに咲いていました。本当にきれいな青から紫のグラデーション。山ではよりいっそう色鮮やかなのでしょうか。

帰途、道の駅「みずの郷　奥津湖」へ寄りました。この日から発売という、フルーツトマトで作ったトマトアイスクリームが目に付き、250円で。食べながらダム湖を見渡すと、道が湖に向かう途中でちょん切れていました。昔はその道を通って森林公園へ行っていたのですが、今はダム湖の底に沈んでいるのでした。

1800mの雲井山トンネル。このトンネルを出たあとライトを消すのを忘れるのか、森林公園の駐車場でつけっぱなしの車を見かけました。広い公園内を歩き回って帰ってきたらバッテリーが……と言うことにならないように気をつけたいものです。

……というわけで、久々に自然の中に入って、1時間ほどの散歩でしたが楽しんできました。

## 閑谷学校の梅を見に

２０１０年２月21日（日）

少し前の朝のラジオで中国五県の梅の名所を紹介した中に閑谷学校があり、もうそろそろ梅も咲いているかな、と行ってみることにしました。89歳の義母もあそこなら体力的にも行けそう、と思って誘うと喜んでくれました。

倉敷インターから和気インターまで山陽道に乗り、割引で６５０円。和気よりは備前インターのほうがインターを降りてからの距離は近かったようです。

有名な楷の木の紅葉の時期だったら、ずっと手前から渋滞で動かなかったのですが、梅はまだそれほど知られていないのか、駐車場も半分以上は空いていました。来ていた人は私たちと同じように梅を期待していたようです。

駐車場の脇に、この地にゆかりの人々の経歴などの掲示板ができていました。正宗白鳥（１８７９〜１９６２　小説家　劇作家　評論家）、藤原　啓（１８９９〜１９８３　備前焼の人間国宝）、そして池田光政（１６０９〜１６８２　岡山藩三代藩主）のところを見ると、岡山藩士のための藩校を寛文６年（１６６６年）に建てたのとほとんど同時期の寛文８年に藩内

123箇所の郡内手習所を開設、後に以前の地区名を閑谷と改めてこの地に統合して寛文10年に閑谷学校を建設したのだそうです。光政の家臣で陽明学者の熊沢蕃山、後楽園や新田開発にも非凡な能力を発揮した津田永忠が30余年にわたってこの学校の創設や経営に尽力したそうです。

後でこの熊沢蕃山のところを見直すと、2009年1月に早島を歩いたときに戸川家記念館で嘉永3年（1850年）の高梁川の氾濫による大洪水の絵図を見せてもらったのですが承応3年（1654年）の備前大洪水の飢民の救済に尽力、とあり、江戸時代にはたびたび大洪水があり、治水事業が大切だったことが改めてわかりました。

さて、肝心の梅ですが、門の外の梅園は、残念ながらまだまだつぼみが大部分で、ちらりほらりと白梅が、また1本だけ濃いピンクのものが石塀の近くに咲いていました。ふくいくとしたよい香りがあたりに漂う、といった時期はもう少し先でしょう。明るい「光の春」に誘われて出かけてきたのですが。2歳くらいの子供をつれた夫婦がいて、なごまされました。せっかくなのでそばの茶店で甘酒350円をいただきました。備前焼の湯のみ茶碗、昆布の佃煮が同じく備前のお皿で出され、寒い時期なので熱々がうれしく、おいしくいただきました。

続いて閑谷学校の構内の見学も。大人300円。受付で「説明のカセットがあるのでいかがですか？」と言われ、無料なので喜んで「ぜひ」というと、小型ラジカセを渡され、再生ボタンを押すと、そのあたりの人みんなに聞こえそうなボリュームで説明が出てきました。入場者がぱらぱらの今の時期だからこそのサービスかも？　私たちが帰るころには別のグループが同じものを持って歩いていました。孔子廟の前の、紅葉が有名な一対の楷の木もこの時期はすっかり裸で、太い枝にはこれまで見なかった新しい支柱ができていました。

説明のおかげで、池田家を祭った閑谷神社の敷地が孔子廟よりも１ｍくらい下げて敬意を表していることや、講堂脇に柿葺《こけら》きで建てられている藩主の休憩所が講堂の立派な備前焼の瓦の建物に比べて質素なことの意味もよくわかりました。

また、紅葉の時期には押すな押すなと言う感じで大勢の人が上がっている講堂もこのときには私たちだけで、美しい備前焼の瓦の乗った大屋根は、瓦の下にも何重にも雨漏りや腐敗を防ぐための工夫（細い陶器の管など）があることを改めて教えられ、講堂内の額のこと、床は学生たちにより磨きこまれていることなどをわからせてもらいました。

この講堂などが使用されたのは特別のときで、普段はこの西側の人工の火除山の向こう側で暮らして講義もあったことがわかりました。徹底してこの建物を火災から守るためか、石の囲炉裏にも薪を使わず炭だけを使うようにしていたようです。

学校経営もこの周囲の田んぼを学校田として収入にあてたということを教えられ、ただこの建物だけを見ていたこれまでと違い、津田永忠らの創意工夫に改めて敬意を表したいと思いました。

## 吉備路文学館「宮城まり子が選ぶ吉行淳之介作品展」へ　２０１０年6月13日（日）

岡山市北区南方3丁目にある吉備路文学館へ出かけました。この日から梅雨に入った中国地方は朝から本格的な雨。岡山市街地に入り、ＪＲ岡山駅前の交差点をさらに線路沿いに北へ、跨線橋の下をくぐり、右手に西川の流れが見えてきて左手に踏切があるところを右折（吉備路文学館の案内表示あり）。もっとも右折できるのは午前中だけです。ここは午後には反対行きの西向き一方通行になるのです。ご注意。

車1台が通れるほどの道幅の道の住宅街を少し行くと道の北側に吉備路文学館はあります。以前にここへは、大叔父の卒業アルバムで同じクラスに作家石川達三が写っていたのでそれを寄贈しに、また私宛の詩人永瀬清子さんの手紙と自筆原稿を寄贈しに来たことがありました。この日は珍しくほかに5、6台先客がありました。先日山陽新聞に記事が掲載されたのですから、当たり前といえば言えるでしょう。

ロビーにはこの作品展によせて宮城まり子さんがかつて書かれた、吉行淳之介と岡山に関わる話などが掲示されてありました。経歴や出版物の展示も。

内部の展示は、一番朱が多く入れられているという吉行淳之介の直筆原稿がまずあり、いったい編集者はこの原稿用紙をどうやって理解して活字になおしたのかしらと思うほどに、考えて考えて書かれたものだなとその作業量に圧倒される思い。それから幼少期からの写真。戦後の混乱期で東大文学部を中退、さまざまな文学雑誌同人となり、芥川賞候補にも3度、そして1954年に「驟雨」で芥川賞を受賞した時には入院生活を送っている時だったようです。1960年からまり子さんと一緒に住み始めるように。1972年からは芥川賞選考委員に。まり子さんに看取られて亡くなったのは1994年。

写真の中には、当時の作家仲間の野坂昭如、梶山俊之、遠藤周作らと一緒のものや、芥川賞の賞状と副賞の包み、(当時はわずか5万円、翌年から大幅アップされたとのこと)、その後芥川賞選考委員となり選考会の会場での記念写真、またベストドレッサー賞を1979年にもらったように、とてもダンディだった写真、宮城まり子さん秘蔵の私信も何点か、ヘンリー・ミラーからの手紙だとか、まあ興味津々の展示の数々があり、しかも個人的になにやら知っている様子の人のひそひそ話まで横の人がしていて、出身地開催ならではの身近な吉行淳之介、でした。

また、会場中央には素敵なカットグラスの多数の展示と、ガラス細工のペンダントトップの展示もあり、聞けばそのグラスは氏愛用の、またペンダントのほうはまり子さん製作で、販売もしていて、手にとってもよいとのことでした。重さや値段を色々見させてもらい、手ごろなのを記念に一つ購入。鎖をつけてのお値段とのことでした。入れてくれた袋は、ねむの木の子どもの作品の絵柄が入ったものでした。

会場の外のロビーには、吉行作品と、ねむの木学園製作のマグカップやお皿なども販売されていて、オレンジ色の服を着て椅子にかけていらっしゃったのは宮城まり子さんその人。せっかくなので、「宮城まり子篇吉行淳之介短編集」を買って見返しにサインをしていただきました。

そのときに言われていたのは、「岡山の人は冷たいんです。タクシーに乗ったって、ここを知らないし、本も買ってくれないんです。買ってもらわないと帰りの汽車賃がないの。みなさーん、本を買ってください」。

薄いピンクのカッターシャツを着た肢体不自由な、たぶんねむの木の子ども（とはいえだいぶ大きな高校生かそれ以上の人たち）が5、6人いて、もしかしたらコーラスのため？ まり子さんとお話ししていました。

私が知る若い頃の女優宮城まり子とはだいぶ違ってそれなりに年を重ねておられましたが、ねむの木学園をしっかりと守っていらっしゃること、ねむの木学園の近くに吉行淳之介文学館を建てて今も吉行を愛していらっしゃることがよくわかりました。

# 蒜山と湯原温泉へ

２０１０年７月４日（日）

くもり。全国で高速道路無料化実験の区間がいくつか定められた中に岡山道も入っていたこともあり、北へ向かいました。蒜山までの行程は約１１０km、無料化区域を除き高速料金は行きが８５０円、帰りは湯原から倉敷インターまで90km６００円でした。

前日は真庭市には警報が出たほどの大雨でしたが、倉敷は梅雨の晴れ間の蒸し暑い日になり、日よけと暑さ対策の服装で出かけたのですが……蒜山インター手前から雲行きが怪しくなり、小雨、一時はザーッと大降りであわてて売店で傘を購入したほど。そして蒜山三座の姿は全く見えず、おまけに肌寒いほどでした。

インターを降りて右手、「道の駅風の家」へ。野菜などの直売所はにぎわっていました。特産の蒜山大根やキャベツ、など。私の買い物は上下を切ったものでしたが大根4本入り袋がなんと80円、ズッキーニ１２０円、サンチュ70円など。

お昼はお向かいのおそば屋さん「蒜山高原味覚工房そばの館」へ。ほどほどの入りで、私たちは、かも南蛮を。税込みだと1、０２９円。そばでこの値段、そのたびに地元の粉を石臼で挽くということで、手間代が入っているのでしょう。

お昼を済ませ、ハーブガーデンハービルへ向かいました。高速道路の下をくぐり山手へ入ります。細めの山道を登っていくと、ありました。園内にはトイレがないとのことで、一段下の駐車場脇のトイレで済ませて。入園料300円。建物横のハーブガーデンには、おなじみのセージとかローズマリー、タイムなどをはじめ様々なハーブが植えられていて名札を見ながらの散策、そして山の斜面には一面のラベンダーが……まだ咲いてはいませんでした。残念。7月中旬くらいが見ごろか。

山の上のほうには「山の幸公園」という一角がありました。以前ここで「ナンジャモンジャ」の木を見たような気がしたので行ってみたのですが、見つけることはできませんでした。そこからの眺望はすばらしく、晴れていれば蒜山三座がそれは美しく見えるはずだったのですが、雲に隠れてふもとのほうの一部しか見えませんでした。

斜面を下る時にブルーベリー畑のほうへ行ってみると、青いけれど大ぶりな実がたくさん付いていました。散策の後は建物横で苗物の販売をしているのを見てから、レストランで休憩。パスタやピラフなどの軽食や、ハーブティー、ソフトクリームもありました。私たちは赤くてきれいなハーブティー400円と、ラベンダーソフト300円を。親子連れなどが外のテラスで食事していました。ここもほどほどの混み具合でいい感じ。ラベンダーの花盛りだと混んでこうは行かないのではと思われました。駐車場は乗用車のほうは30台分くらいか？　ラベンダーが咲いたというニュースが流れるとここはすぐ満車になってしまいそうです。この日も私たちが帰るころにはほぼ満車状態でしたから。

ハーブ園を出てから、まだ早かったので湯原で温泉に入って帰ることに。カーナビで見ると23㎞ほど、高速道路には乗らず一般道で。

ところが、温泉街へ入る道が工事のため通行止め、となりの右手へ行く道へと入ると、とんでもなく高いダムの上のほうへ出て引き返すと言う一幕もありました。温泉街では、公営の日帰り温泉「湯本温泉館」へ。大人６００円、タオル２５０円。平成12年に改装されたそうで、きれいでした。以前は渓流が眺められたような気がしたのですが、釣り人から見られるからか、シートで景色が見えなく（つまりこちらの裸を外から見えなく）してありました。ゆったり浸かってあたたまり、帰途に着きました。

## 吹屋ふるさと村

２０１０年８月22日（日）

毎日のように猛暑日が続くこの日、少しでも涼しいところへ、と、標高の高い吹屋ふるさと村へ行ってみることにしました。行程は一般道で53㎞くらい、倉敷から約２時間、現地では２時間ほどを過ごしました。

吹屋ふるさと村は、標高550mの岡山県高梁市吹屋地区にあり、銅や砂鉄、薪炭、雑穀の問屋や、弁柄の産地として幕末から明治にかけて栄えた所です。弁柄色は「ジャパンレッド」とも言われ弁柄格子など建築に使用され、防虫、防腐効果もあるそうです。これらの銅や鉄、弁柄は成羽から玉島へと船で運ばれ、江戸時代から成羽や玉島の繁栄をもたらしたそうです。

途中分かれ道で迷っていると、サッシ屋さんの軽トラが通りかかり、方角を教えてくれ、その道を抜けたところで待っていてくださってさらに親切に行き方を教えてくださいました。感謝感謝。その後「ラフォーレ吹屋」のサイトに詳しい道順と写真が掲載されているのを見つけました。カーナビは近づいたら切って地図とそちらの写真を頼りに行ったほうがよさそうです。

周辺の広兼邸や西江邸には以前行ったことがありますので、今回は弁柄の町並みを散策し、山菜そば・うどんを食べ、現役木造校舎の吹屋小学校（2012年に閉校）を見学、ラフォーレ吹屋で休憩、このほど見学できるようになった旧片山家住宅と、お向かいの郷土館を見学してきました。

到着は昼ごろでしたので、今回も町並みから少し外れた所にある地元のうどん屋さんへ。入ると8割がた席は埋まっていました。山菜うどん450円、手打ち山菜そば550円。奥の調理の人はもちろん地元の人で、お客も顔見知りが多いようで「近頃どうしてる」とかいう会話がうれしい。そばは手打ちで短く切れるところを見るとそば粉の割合が高いようでした。

そのあと、そこから100mほど坂を上ったところの吹屋小学校の見学に。映画のロケなどでも使われた、文化財にもなっている小学校の校舎は、昔の町の予算の何倍かを使って建てたというだけあって今でも立派な姿を見せて現役で使われている貴重なものです。きっと丁寧に雑巾がけなどもして守っているのでしょう。

小学校の運動場からさらに上の方に、「ラフォーレ吹屋」があります。元は吹屋中学校だった敷地だそうで、建物は小学校を模して造られていました。窓越しにレストランがにぎわっている様子が見てとれ、うどんを食べたばかりだったので、喫茶のほうで休憩。大きな荷物をホテルに取りに来た宿泊客もいて、撮影で来たのかなと思いました。

建物見学をさせてもらった旧片山家は、今年の春から奥のほうまで見学できるようになったようでした。入場料は大人４００円で、

吹屋ふるさと村

お向かいの郷土館の建物と合わせて見学できます。片山家は国指定重要文化財で、宝暦9年(1759年)の創業以来200年余り吹屋弁柄の製造・販売を手掛けた老舗だそうです。店の間から土間を通って奥の間、台所と続き、その奥の蔵には弁柄の製造工程を図やモデルの人形を使うなどして展示があり、さらにその奥の蔵には、片山家の所蔵した什器《じゅう》や書籍類、遊びの道具などの展示品がありました。教養を高めるための書籍の中には「学問ノススメ」だとか「古今集」などもあり、また遊びの道具類では義太夫のレコードなどもあり興味深く拝見しました。

お向かいの郷土館は以前から一般公開されていたので一度入ったことはありましたが、土間の箱階段、中庭のからくり雨戸、2階の隠し部屋、1階の隠し戸棚のある凝った押入れ戸棚、台所の女中部屋への階段も無駄なく戸棚をとってあるなど、興味深いものでした。

また、家々の表の格子にはそれぞれの家の元の商売や構造上の特徴などの説明板が保存会によってつけられているのでありがたく、興味深く拝見させてもらいました。

山の上のかつての繁栄をしのばせる吹屋の町並みでした。

# 中国地方篇

鞆の浦常夜灯

尾道ラーメン

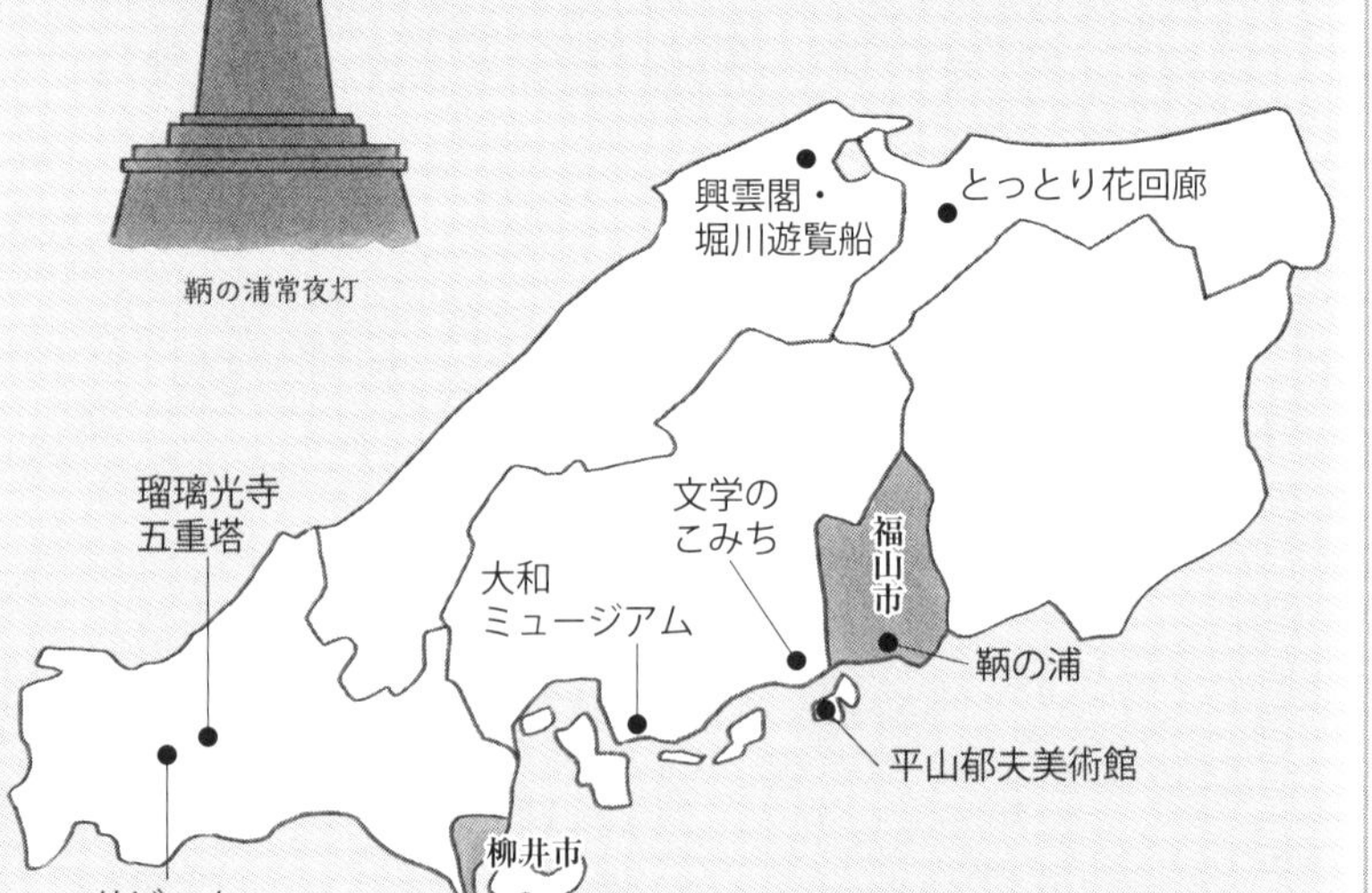

## 戦艦大和ロケセット見物

２００５年８月16日（火）

最近の映画「男たちの大和」（２００５年12月公開）の撮影のために作られた戦艦大和のロケセットの見学ができると聞いたので出かけて行きました。

大和のオープンセットのあるところは向島の日立造船のドックです。

山陽道の福山西インターを降りて（倉敷インターからだと１、６００円）、尾道方面へ２号バイパスで行き、古いほうの尾道大橋を渡ります。新しいほうの橋を渡るとしまなみ海道で、下りられなくなるので注意。

尾道の「青柳」で昼食を取って出るとその道沿いに、長さ１ｍくらいのよくできた模型が飾ってあり、大砲からは水が出る仕掛けでした。

尾道大橋を渡ると通行料片道１５０円。何個か信号を通り過ぎると、うどんやの「天霧」があり、そこを右折。そのころから「大和ロケセット」の案内板があります。

お盆休みの最終日くらいの16日、最近の話題性もあって、かなり手前から渋滞。やっと日立造船の門のところまで入ると、塀に沿って長蛇の列。これは、駐車料２００円でいったん車を止め、そこから無料のシャトルバスが出ているのに乗るための列でした。この日は、暑いのにバス待ちで30分くらいかかりました。バスに乗る時間自体は3分ほど。

見学は大人500円、子供300円。時間は9月までだと9時から18時まで、10月から3月までは9時から16時まで。

実際の大和は全長262mだったそうですが、セットは190m部分を実物大で再現したそうで、内部はがらんどうとはいえ、甲板部分はさすがに広い。大砲などの威圧感は相当なものです。舳先につけられた巨大な金色の菊の紋章をバックに記念撮影する人、多数。

セットを出たところの食堂は、ロケのときに俳優たちが毎日食事をするのに使われたそのままだそうです。反町隆史、中村獅童、松山ケンイチらがそこにいたと思うとわくわくしました。食堂の2階部分に、ロケの小道具だとか、衣装、パネル展示、映画の宣伝ビデオなどがあります。

（原寸大の「大和ロケセット」は2005年の3月に完成し、撮影は同年6月まで行われました。現在は解体されています。）

## 大和ミュージアムにやっと行けました

２００６年１月29日（日）

尾道の向島にある映画のロケセットを見たあと、私の実母も夫の妹夫婦と姑も行ってきたという呉の大和ミュージアム、遠かったけどやっと行けました。

途中のサービスエリアでもらった地図とパンフレットが頼りで、カーナビにパンフレットの電話番号を入れていったら、これが曲者で、全然違う場所を指していました。事務所とミュージアムとは別の場所らしい。

10分の１の巨大模型が館内の大きなスペースに展示されていました。呼び物だけに、下のほうからも上からも見えるようにと吹き抜けで、大きな空間でした。半年ほど前に実物大のロケセットを見ていたとはいえ、この十倍が実物か、と大きさに圧倒されました。人がいっぱいで、こんなに大勢とびっくりでした。

映画「男たちの大和」のスチール写真の展示も。映画の影響もだいぶあってか、館内いっぱいの人出。子供からお年寄りまで幅広い年齢層。館内の上のほうには、「サイエンスショー」を見せるところや、ゲームコーナーもあり、子供たちが楽しく遊んだり学んだりできるように工夫がされています。

大勢の見学者で、たまたまシニアのボランティアガイドが近くにいらっしゃったので要所要所で説明を聞くことができました。

大和の建造のときの技術がどれほどすごかったかを示すパネルも展示されていました。烏口《からすぐち》で書かれた当時の本物の図面の展示も。手書きでこのような精密な設計図が何百枚と要ったことでしょう。

ゼロ戦の展示などもあり、また日清・日露戦争のころから海軍とともにあった呉の町の歴史の展示などとともに大きくて立派な博物館でした。

## 孫と一緒にとっとり花回廊へ

２００６年4月15日（土）

出かけようとしていたら娘が二歳の孫といっしょに来るというので、待ってから一緒に出かけました。

雨でも大丈夫な所というと……遊歩道に屋根のあるとっとり花回廊を思い出し、途中で行き先を決めました。

娘は大の車好き、乗っていたのはご自慢の日本に555台しか販売されなかったという愛車のスバルインプレッサです。夫はなかなか娘と話す機会がなかったので、助手席に乗って職場の話などを娘から聞かされて、「大人になったものだ」と感心するなど、親子の会話が久しぶりにできて道中がよかったようです。

到着、園内のキャラクターがモデルになってくれて、孫と一緒に写真を撮りました。

孫が「のりたーい」というのには弱くて、これまで乗ったことがなかったフラワートレインにも乗ってみました。乗ったら、いつもは行かないところまで園内一周してくれたのと、案内アナウンスのおかげでとてもよかったです。約20分。

この日は「チューリップフェスティバル」の初日だったそうで、夕方のNHKのニュースでも出ました。チューリップの赤が目にしみます。

「花の丘」でビオラのきれいな色のじゅうたんを堪能。でも孫はカメラを意識してなかなか撮らせてくれません。

温室の「フラワードーム」で、お楽しみのソフトクリーム、大人は梨・ラベンダー、子供は牛乳ソフトがおすすめです。

## 復元された源氏物語絵巻を見に福山へ

２００６年８月19日（土）

福山市の広島県立歴史博物館で18日から開催の復元された源氏物語絵巻展を見に出かけてきました。

学生時代に名古屋へ行ったとき、お城のそばの徳川美術館で拝見した９００年前の絵巻がどんな風に復元されたものやら。前日の台風も幸い被害もなく終わり、ＥＴＣつきの愛車で約50㎞の道のりを出かけました。

駐車場は正面入り口から言うと裏手にありました。入り口左手には、館内は撮影禁止のため、記念撮影コーナーとして平安絵巻を背景に五人の十二単衣の女房たちのパネル。貴族の女房たちに囲まれて写るのも一興か。

明るく広々としたエントランスホール。入場券を買うと駐車料金が1時間無料になるスタンプを押してくれました。中は撮影禁止ですので……。

感想としては、９００年前の実物のほうが風情があるからいいという実家の母の意見もそれはそれで味わいからいうといいのかもしれませんが、科学の力で、使われた顔料を調べ、さらに非破壊・非接触検査によって、女房の赤い着物の同じ色調の柄、公達の直衣《のうし》の柄や、野分に揺れる庭（前栽・せんざい）の秋の草花の種類まではっきりと描き上げられていて、制作当初の姿を現代に見せてもらうことができた意義は大きいと思いました。

源氏物語は人物の関係がわからないとその絵巻の場面もわかりにくいので、入ってすぐの所に系図が掲げられていました。それをある程度しっかり確認してから絵巻の鑑賞にかかるとよかったです。

また、復元の過程も展示されていて、一口で写すといっても、どの顔料をどの部分に何度塗り重ねるか、その顔料の膠《にかわ》との配合は、などと何度も試作を重ねた様子が見て取れて、その精密な仕事ぶりにも大変感動しました。

車を博物館駐車場に置いたままガード下をくぐり福山駅前に出て……食べ物やさんを探すのに疲れてお好み焼き屋さんに入ると、広島県なのになぜか広島風でなくて関西風のが出てきました。

またガード下をくぐり福山城がすぐだったので見物。カバンを傍らに置いて上半身裸で芝生で寝ている旅行者？がいました。日陰に行けばいいのに。

天守閣に上がって南側を見てみました。右側端っこのほうに先ほどの県立歴史博物館、左端がＪＲ福山駅です。

お城の出口はやっぱり南側で、また県立歴史博物館正面を通って駐車場へ帰りました。ステンレス水筒に氷の入った麦茶を持参していたのがよかったと思った暑い日でした。

## 福山市鞆《とも》の浦を歩く

2007年1月14日（日）

広島県福山市の鞆の浦を訪ねて来ました。

海岸沿いにはずらりと干物にするサヨリが干されていました。帰りに見ると、3倍くらいに増えていました。

出発は鞆鉄道の観光センターから。倉敷を出るときに、ボランティアガイドをお願いしていました。各所の拝観料こみで1人900円です。

「奥様ガイド」の宮本さんがずっと詳しいガイドをしながら一緒に歩いてくださいました。

鞆鉄観光センターから逆時計回りに歩き始めました。バス通りから左へ折れ、しばらく歩くと右手に小烏《こがらす》神社。鍛冶屋さんの神様だそうで、鳥居の中央の扁額が鋳物でした。

沼名前《ぬなくま》神社。「隈」というのは裏側だというので、その字を嫌って、「前」とかいて「くま」

と読ませるそうです。山裾に奥行きのある大きなお宮でした。門の右手には、能舞台がありま す。この能舞台は、豊臣秀吉が愛用し伏見城にあったものを、初代福山藩主水野勝成が徳川秀忠から譲り受けた物。組み立て式で戦場にも持ち運べるようになっている物だそうです。

保命酒《ほうめいしゅ》のお店。重厚な建物は、元は福山城の長屋門で、明治の頃に売りに出されたものを、火災によって建物を失っていた、当時の岡本家の当主が買い取って海路を船で運び、移築したものだそうです。店内には、お酒を造る備前焼の大甕と、ものすごい龍の彫り物に囲まれどっしりとした金文字の看板。ご当主はやさしそうな人でした。

実はこの保命酒というのはあの「養命酒」より古く、元となったものだそうで、もち米から作ったお酒に生薬を溶け込ませて作った、甘口でまったりして健康にもよいお酒です。この福山藩主、水野氏が、黒船来航の折にペリーに献上したのだそうで、店内のショーケースの中には、ペリーの子孫にこのご当主が保命酒をプレゼントしている写真がありました。

また、NHKの「ひるどき日本列島」で舞の海が来たときに、ガイドの宮本さんとこのご主人とが一緒に写った写真もありました。

大田家住宅は保命酒を作っている4軒の酒屋さんのうちの1つ。広壮なお屋敷で、裏手に酒蔵がありました。

たくさんの使用人のためでしょう、大きな鍋やお釜のかかった「おくど」が４口並んでありました。一つは羽釜がかかったご飯炊き用、あとは大きなお鍋がかかっていてお汁や煮物などを作ったのでしょうか。大勢の使用人がいたでしょうから賄いも大量だったでしょう。たき口が半分地下に掘り込んであるのが珍しく、訳を聞くと、焚口の外は海側にすきまがあり、海からの風で火がよく燃えるのだそうでした。生活の知恵ですね。奥へ奥へと建物が連なったお屋敷を見せてもらいました。

鞆の港のそばには、倉庫を改造した建物があります。ここは、最近特番であったそうですが、ここの沖に沈んでいた、坂本龍馬が仕立てて長崎から堺へ鉄砲を運んでいた「いろは丸」らしい船から引き上げられた品を展示しているそうです。

道幅の狭い道端の小さな海産物屋さん。ガイドの宮本さんとは顔なじみ。ここで「チーチー」（ちいさなイカ）の干して加工したものと、いりこを買いました。

真言宗のお寺、福禅寺の、朝鮮通信使が泊まったという「対潮楼」は鞆の浦観光のハイライトかもしれません。ここからの眺めは正徳元年（１７１１年）の通信使に「日東第一形勝」であると絶賛されたそうです。この鞆の浦は、国立公園法ができたときに雲仙・霧島と共に日本で最初に国立公園に指定されたとのことです。

また、「鞆の浦」の由来は、この向かって右端の島に神功皇后が立ち寄られたときに、弓を射るときに左手を保護するための鹿皮で手首からひじまで覆う「鞆」を神社に納められたことからきているのだそうです。

宮本さんは、ちょうど一緒になった20人ばかりの神戸から来たという中学生の団体と合わせてガイドしてくれました。ちゃんとガイドされながら歩くと、鞆の浦のことがしっかりわかってよかったです。

## 尾道の「文学のこみち」を歩く

２００７年11月25日（日）

気温17℃、紅葉狩りには最後の休日と思う。高速道路を使っての行程約70㎞、高速料金倉敷～福山西インターで１，６００円。

尾道へは行くのも帰るのも町の手前のところがちょっと間違いやすいので、カーナビがある人はぜひ頼ったほうがいいです。行きはしまなみ海道へ入るかと思うところをもう１本左にとって尾道方面へ入りますし、帰りはまた高速への分岐点がとても分かりにくいのです。高速道ではアッと思うと過ぎていたりしますので、カーナビ様様です。

途中の福山西サービスエリアでは菊花展なども催されていたり、沿道の山々の木々の紅葉が美しかったたり、秋だなあと感じました。


いつもの、尾道市役所西の市営駐車場から歩きました。ちょうどお昼ごろ、駐車場から東へ歩き、北へ入ったコイン駐車場のさらに北へ。

和食の店「青柳」、コースの中では安いほうの「あさなぎコース」4、200円、単品だともうちょっと安くつくのもあり。突き出しはくらげと生わかめの酢の物と炊き合せ。次はおこぜのから揚げ。ねぎを盛っているかごはこぶを編んだものなので食べられます。次は焼き物か変わり茶碗蒸しを選びます。夫は焼き物。この日はカンパチのカマ。私は茶碗蒸し。お餅が入っています。最後はうにご飯と味噌汁。


商店街をしばらく歩きます。ペットショップでは小鳥の前に人がたかっていました。私はうさぎ3、500円に目がいきました。

商店街の交差点の切れ目のところでは、左を見るといつ来ても行列ができている尾道ラーメンの朱華園。この店とは反対の右側に曲がり、国道を横切りガード下をくぐり、ロープウエイ乗り場のほうに行きます。

大人1人片道440円なり。「往復」を買って乗り込むと、ゴンドラの中はほぼ満員。春に来たときは黄砂に煙っていましたが今回は澄んだ青空。3分の1くらい上がったところで、「鳩が架線に止まっているので徐行します」とのアナウンス。のどかだなあ。で、帰りは歩いて降りるという人の話を聞いてなるほど、と思い、帰りの切符を諦めて歩いて降りようということになりました。

桜《さくら》紅葉《もみじ》が美しい売店前。ここで、ご当地アイスを食べました。みかんソフトです。風景を見ながらおいしく頂きました。みかんの味のするソフトクリーム。250円。

歩いて文学のこみちへ。尾道水道を見下ろしながら歌碑や句碑をたどります。説明文があるので助かります。その中から抜粋。

正岡子規

「のどかさや　小山つづきに塔ふたつ」

十辺舎一九（『東海道中膝栗毛』の作者）

「日のかげは青海原を照らしつつ　光る　孔雀の　尾の道の沖」

金田一京助（言語学者）

「かげとも（山陽道の古語）の　をのみちのやどの　こよなきに　たびのつかれを　わすれていこへり」

志賀直哉

「六時になると　上の千光寺で刻の鐘をつく。ゴーンとなると直ぐゴーンと反響が一つ。又一つ、又一つ、それが遠くから帰って来る。その頃から昼間は向島の山と山との間に一寸顔を見せている百貫島の燈台が光りだす。それがピカリと光って又消える。造船所の銅を溶かしたような火が水に映り出す。」（暗夜行路より）

林芙美子

「海が見えた。海が見える。五年振りに見る尾道の海はなつかしい。汽車が尾道の海にさしかかると、煤けた小さい町の屋根が提灯のように、拡がって来る。赤い千光寺の塔が見える。山は爽やかな若葉だ。緑色の海向こうにドックの赤い船が、帆柱を空に突きさしている。私は涙があふれていた。」（放浪記より）

芙美子の文学碑はこの道の中で一番尾道水道がよく見渡せる場所にありました。
緒方洪庵（岡山市足守出身の蘭方医）
「軒しげく　たてる家居よ　あしびきの　山のおのみち　道せまきまで」
巌谷小波《いわやさざなみ》（児童文学者）
「大屋根は　みな寺にして　風薫る」
坂を下りると山の端の岩盤に沿って、山口誓子の句と柳原白蓮の歌が。
山口誓子
「寒暁に　鳴る指弾せし　かの鐘か」
柳原白蓮《やなぎはらびゃくれん》
「ち、母の　声かと聞こゆ　瀬戸海に　み寺の鐘の　なりひびくとき」
千光寺から見下ろす尾道水道は、秋の澄んだ空気でとてもきれいに見えました。降りがけの道のそばに摩崖仏。

アララギ派の歌人中村憲吉の旧宅。くずれかけた築地塀もなかなか歴史を感じさせていい感じです。

ＪＲの線路が見えてきました。

尾道には何度も来ているのに、意外にこの「文学のこみち」は歩いていなかったので今回歩いてみて多くの文人・文化人が愛した尾道を知ることができてよかったなと思いました。

## 春は鯛網、の鞆の浦

2008年5月11日（日）

もう昼近くなってから広島県福山市の鞆の浦を目指しました。行程は約60㎞、倉敷インターから福山東インター、1、150円。

観光港横の駐車場へ入れようとすると、番人の女性が「何時間止める予定?」「2時間の予定」というと、「400円」と、前払い。ずいぶんアバウトな前払いです。

2007年1月に来て、ガイドさんを頼んだときに待ち合わせ時間に間に合わず食べられなかった和食の店「衣笠」へ、駐車場からは反対方向に歩いて行きました。この日はもう1時半過ぎだったのでさすがに空席がありました。夫は刺身定食、私は天ぷら定食、どちらも1，365円。メニューはこの他、はもの湯引き1，000円、メバル煮つけ、唐揚げどちらも1，000円、チーチーイカの天ぷら600円、そしてひっさげ造り800円。ひっさげ？聞いたらマグロの若いの、とかいう説明。

食べ終えて海岸道路を歩いていると、向こうにお尻の丸いボンネットバスの後姿が見えました。観光用に活用しているらしい。

市営駐車場の上のほうにあった「感謝の豆腐工房」へ。ここで豆腐クリーム300円を食べてみました。ソフトクリームみたいではあるけれど、おぼろ豆腐、豆乳、その上にあんこを乗せたもの。食べてみると、あんこの部分は普通に甘いのですが、その下のお豆腐だけになってみると、うーん。私は、おしょう油をかけたほうが好き、かも。夫はおいしいと言っておりました。

窓の向こうがなんだかにぎやかになったと思ったら、観光鯛網の船が港に戻ってきたらしい。5月6月は鯛網の季節、だったんだわー。あー、知っていればその時刻に合わせて来たらよかった、と思いました。漁師さんの船を囲むように2隻の観光船が出ていて、大勢乗っていました。

今回はガイドさんを頼んでなかったので、勝手に散策。まずは坂本龍馬が宿泊したと言う建物の横の石碑を見てから、保命酒のお店へ。試飲は遠慮してのど飴を1個いただき、みりんとのど飴を購入。（もっと後にも色々お店があったので最後に買うべきだった）その近くにも数軒あり、いずれも古い店構え。

江戸時代の商家を修復したという建物を見てから、城跡の山に建っている歴史民俗資料館へ初めて登ってみました。港の辺りが一望できてそれだけでも行ってよかったと思えるよい景色。

150円払って館内へ。鯛しばり網という伝統漁法の立体模型などもあり、60人くらいの漁師が8、9隻の船団を組んで追い込む大掛かりな漁法だと初めて知りました。ビデオコーナーで5分くらいの番組を選んでみることができ、歴史についての番組を見てみました。古くからの歴史のある街なのだなと改めて知りましたので、もっと早くにここを訪れたらよかったと思いました。

山の反対側に降り、墓地を抜けて港のほうへ出ました。鞆の浦の風景として有名な石造りの立派な常夜灯がある港に面して、テーブルを出している喫茶店があったので、そこでコーヒー400円で一服。吹く風がとても心地よく、いい季節でした。

昔のままのしっとりとした路地を通っていると、2007年にガイドさんに連れられて通ったときにも見かけた海産物の小さなお店に出会いました。おいしい「いりこ」を1、000円で、それに水で戻して天ぷらにするとおいしい、という小さなイカ、「チーチー」の干物を購入。

元の駐車場へ戻るころ、テレビクルーがなにやら景色を見ながらのインタビュー取材中に遭遇。そうそう、ここに道路か橋ができるかどうかでもめている話かも。門外漢ではありますがここの景色は変えないで欲しいなと思いながら通り過ぎる。

そして朝鮮通信使の定宿で最も景色がよいと絶賛されたという対潮楼を見上げながら車へ戻りました。

## 尾道の商店街をぶらついてレトロに浸る

2008年12月7日（日）

非常に寒い日。11時ごろからふらりと出かけ、山陽道を西へ。福山西サービスエリアで休憩すると、建物はがらりとリニューアルされていて勝手が違う。以前はパンの製造販売がメインだったのに、レストラン部門も充実、配置もずいぶん違っていました。それにインターネットのできるホットスポットが新設されていました。パソコン2台とプリンター、「調整中」とあったけれど。

串にさしたじゃこ天を買って車内で食べながら尾道へ。

尾道市役所横の市営駐車場へ車を止め、途中で見かけた「かき船　うろこ」という海岸に近いお店へ行ってみました。先客が2組ほど。カキフライ定食2人前と酢カキ1人前を注文。酢カキは1、050円にしては氷の下のカキはずいぶん身が小さくて5個くらい、高めの印象。定食のほうはまあこんなものか。かぼちゃプリンみたいなのが付いていましたが、この時期冷たいデザートよりは茶碗蒸しがほしいなと思いました。

食後は戦前からありそうな古い町並みを抜けて商店街へ。

最初に目に入ったのは、仏壇屋さんの前にあった尾道のイメージのお香。「さくら」「海」「寺」という三部作。なるほどなあ。

次いでどんぶりだの小鉢だのを買ったことのある「もめんく」という食器屋さん。どっさりと瀬戸物が並んでいます。

紙屋さんという商売は倉敷でも見かけますが、古い街ならではのものかもしれません。

別の陶器屋さんの店先では、竹かごに和紙を張り重ねて柿渋?を塗った「一閑貼り《いっかんばり》」のかごを見つけました。昔曾祖母の部屋にも同じようなのがあった記憶があります。

尾道帆布の店がありました。倉敷にも帆布の店があります。歴史的に帆船が出入りしていたためでしょう。丈夫さを生かして、バッグや帽子、ブックカバーなどなどの小物に縫製加工されていました。店の左半分には織機が展示され、奥には工房があって、縫っているところが見えました。

「オバQ」の形の小さな子が乗って遊ぶ遊具が店先にありました。塗料がはげかかっているのと、1回10円というところがこの「オバQ」の古さを物語っているのでした。今の子ども、オバQわかるのかしら。

さらに行くと、古い「大和湯」という銭湯の建物をそのまま使った「ゆーゆー」というお店。木の扉のついた脱衣用のロッカーがそのまま残されていて、「拾七」「拾八」と太い墨の字の番号が書いてあります。表のほうは特産物を並べていて、かんきつ類のジュースだのソースだの、瀬戸物だの。奥のほうは軽食と喫茶になっています。寒いのと休憩のために立ち寄って、無農薬国産レモンのホットレモンでほっとしました。

店先にこの前来たときに製造しているところで知り合った「頑固親爺の豆菓子」を売っていたのでそら豆を購入、２１０円。

さらに歩くと、銀行みたいにがっちりした旧商工会議所の建物がありました。右から横書きの看板、それに建物の根元のところに、代官所跡地とありました。倉敷もここ尾道も代官所のある幕府天領だったのですね。

「桂馬」という、細工かまぼこのお店を見つけました。細工のかまぼこは予約のみの販売だそうで、お向かいには食べさせてくれるらしい建物も。

店の前で赤い毛氈を敷いた上に商品を並べて安売りをしている刃物屋さんがありました。先日庭木の枝払いをするときにのこぎりが切れなかったのを思い出し、訊ねると、「板を切りますか、枝を切りますか」刃が全然違うのだそうで、5、000円ほどのを購入。手入れは、と聞くと繊維のかすを取った後に先から元へ、油をつけた布でさっと拭くそうで、油550円を購入。刃物ならこれで全般大丈夫だそうでした。

商店街の切れ目、海辺でトランクと日傘をかたわらに置いて物思うようにしゃがむ姿の林芙美子の銅像を見て引き返しました。喫茶「芙美子」閉じていた時期もあったのでしたが、今回行くとまた営業していて、店の前には芙美子の絵に顔の部分をくりぬいた看板もありました。店の奥にかつて芙美子が暮らした家があるのでした。

旧商工会議所の建物横で寒いのに半纏を着てみかんを売っていた、向島の農家の若い女の子、1袋200円で小さいけれど大変おいしいみかんだったので行きと帰りに3袋買ったら、無農薬レモンを1個おまけしてくれました。車中で食べながら尾道を後にしたのでした。

## 尾道市瀬戸田町　たことかんきつ類と平山郁夫美術館

2009年1月25日（日）

前日よりは暖かくなるというものの、最高気温でも6℃くらいという寒い日、広島県尾道市の生口島、瀬戸田町に出かけました。

しまなみ海道も何度目か、最近は合併で尾道市になっていますが、尾道から新尾道大橋を通って向島、因島大橋から因島へ、さらに生口《いくち》橋を通って生口島へと入ります。行程は約50㎞、高速料金は倉敷インターからだと福山西までが800円、瀬戸田までが650円（ETC利用）です。

平山郁夫美術館利用者のための駐車場に車を止め、お昼だったので美術館の南の商店街付近で、食堂を数軒見つけ、その中の「ちどり食堂」へ入りました。たこずくしといった感じのメニューが並んでいたので、その中で「たこ唐揚げ定食」1，600円。私達が入った時にはがらんとしていましたが、食べ始めるとどんどん入ってきて、満席になりました。美術館とお向かいの耕三寺の観光客目当てなのでしょうか。小鉢の中に小さな粒でわからないのがあったので訊ねると、たこの卵との事でした。たこ唐揚げにはタルタルソースとレモンがついていて、おいしかったです。

その後商店街をなんとなく西に向かって散策してみました。昭和レトロといった雰囲気のとてもひなびた商店街で、干物のみやげ物を売る店などが半分くらい開いている感じ。途中でギンギンににぎやかに黄色い張り紙のある肉屋さんがあると思ったら、そこのコロッケにテレビ取材が何度も入ったとのことでした。沢口靖子さんとか千堂あきほさんなどが来たそうです。

さらに行くと、商店街が途切れた先に、なにやらとても立派なお屋敷がありました。そしてさらにその先の右手に、倉庫のような建物があり、見ると「郷土資料館」とあり、入るかどうか迷っていると、受付の窓口の80歳くらいの女性から「無料ですのでどうぞ」と話しかけられました。「昔のものばかり展示していますよ」。そこで、夫が「この町は何で栄えたんですか？」と聞くと、元は製塩業で栄えたとのこと、資料館の建物も先ほど見たお屋敷の倉庫だったそうです。その後は造船業も起こったそうですが、「みんなが就職できるほどではないし、うちの子供たちも大学を出るとみんな他所へ出て行ってしまいました」ということでした。

「昔は入浜式の製塩で、その後流下式になってねえ、資料が2階にありますよ」との事、私も製塩の盛んだった児島で育ったもので、と資料を見せてもらいました。

1階には団塊の世代の私たちにも懐かしい生活用具もあり、「行火」……あ、「あんか」とついひらがなで覚えてしまったけれど、「行灯」と同じ読みだったんだわ、と改めて覚えなおしたり、たどんを入れる昔のコタツがあったり。それに昔の脱穀機などの農具や漁具。急な階段を上ると、入浜式製塩の模型や、流下式製塩の流条架の模型、汐汲みのひしゃくなどの展示。私は入浜式は見た事がないですが、流条架の、竹箒を逆さに立てたような物は、倉敷市児島の塩田を思い懐かしく思いました。

資料館を出るとすぐそばが海。江戸時代の灯台か、大きな灯篭があり、ちょっと曲がった幹の松がいい感じと思ったら、そこは平山郁夫画伯が「しまなみ海道五十三次」のスケッチをしたとの碑が建っていました。

商店街を引き返し、来るとき気になっていたジェラート屋さん「ドルチェ」へ。この寒いのに……と思ったらなんと、ぜんざいの中にジェラートが入っている、というのがあり、注文。

380円。……ビミョー。

そして、やっぱりせっかくなので、平山郁夫美術館へ。立派な館内、歩き疲れたのでちょっと休憩がてらハイビジョンシアターへ入って、作品紹介をビデオで鑑賞。館内にはシルクロードを精力的に取材した平山氏の取材地の大きな地図やら、幼い頃からの絵日記や中学時代の歴史物の繊細な武者絵など、さすが「梅檀《せんだん》は双葉より芳し」。

そして、その付近のみやげ物屋さんでポンカンやら清美オレンジやらレモンやらの多種多様なかんきつ類の中から、八朔《ハッサク》を10kg2,500円で1箱購入しました。かんきつ類は温州みかんは終わり近いものの、まだこれからが買い時ではないかと思われました。

しまなみ海道の橋からの眺めを楽しみつつ、生口島に別れを告げました。

## 鞆の浦の雛《ひな》めぐり

2009年3月15日（日）

最高気温は14℃くらい、晴れ。いつもは夫婦だけのお出かけですが、たまにはおばあちゃん（88歳）も連れて行ってあげようと、思い出のある福山市鞆の浦を目的地にしました。出かけたのは11時前ごろ。行程は60㎞。高速道路は倉敷インターから福山東インターまで、ＥＴＣ割引で６００円でした。

　鞆の浦付近に着いたのは12時ごろ。お目当ての和食の店「衣笠」に行ってみると、「12時半から営業します」と書かれた黒板が出ていました。入り口の階段ホールのようなところで待つことに。階段下に雛めぐりのお雛さまが展示してあり、雛めぐり第1号。

　後から後からお客が来て、狭いホールが満員。50分後の12時50分にやっと席につけました。皆さんお刺身・天ぷらのついたセットメニューを注文なさっていましたが、おばあちゃんは煮魚が食べたいとのこと、何がありますかと聞くと、「ゲンチョウか、カレイ」といわれ、おばあちゃん、「聞いた事がないからゲンチョウをください」と言ってまたしばらく待つと、運ばれてきたのは我が家でもお馴染みの、倉敷で言うところの「ゲタ」（舌平目）でした。なーんだ、と思いながらも、たっぷりと薄味の煮汁の入った煮魚や南蛮漬け、茶碗蒸し、魚のアラの赤だしなどをいただきました。

　食べ終わるともう2時前。表に出るとボンネットバスが通り抜けて行くところでした。港近くの有料駐車場に止めて、福禅寺の対潮楼へ。７、８段の石段が境内手前にあり、おばあちゃん、思ったよりこの石段がてごわくて、手を引いて上がりました。

　対潮楼は、窓の建具はすっかり取り払われ、美しい仙酔島の風景が目の下に広がります。受付の女性が「座ってご覧ください」と言われる意味がわからず、立って見ると、下の建物が景色に入るのがわかり、座るとなるほど、近くの松の木の向こうが仙酔島で、絵のようでした。

お寺を後にして古い町並みの路地を抜けると、古い商家がひな祭りの期間中だけ中のお雛さま展示を見せていただけるとのことでした。

黒光りのする柱の建物の中で、古めかしいお雛さまの数々。奥のくぐりを抜けて店主の生活圏の座敷のほうまでいくつものお雛さまや武者人形の展示がありました。

次は有名な保命酒のいくつかある醸造元の見学です。どこを選ぶか夫が「こっち」というので、ついて行きましたが、途中の道は狭いのに車があふれるほど。ひな祭りの展示をめざしてやってきた観光客らしい人の車が行き交っており、大渋滞でした。道は確かに狭いけれども、このところ問題になっている港の入り口に橋など架けて欲しくないと思いました。

港方面への路地は、団体客を含む観光客であふれていました。途中、以前買ったいりこ屋さんがあったので、いりこの大袋を1、000円のところ3度目だといったせいか、50円おまけしてもらいました。その路地の港近くの保命酒の醸造元、太田家住宅に見学に入りました。

昔の量り売り時代の名残のたくさんのますや、大勢の従業員のための広い台所の土間に並べられたかわいいお雛さまを見ました。台所の「おくど」にかかった大鍋は、直径80㎝くらいでしょうか、さぞかし大勢の人が立ち働いていた事でしょう。4つ並んだおくどは、海側の1段下にたき口があり、風が自然に吹き込むように向きを工夫されていると以前ガイドさんから聞いたことを思い出しました。

その奥を右手に曲がった建物には、もち米を蒸すための大釜と、壁を隔てて半地下になった焚き口がありました。人の背丈ほども深さのある大きなお釜でした。さらに奥は広々とした酒蔵で、備前の大甕《おおがめ》が並んでおり、ひしゃくなどの道具の展示。

そしてその奥がお雛さまの展示室になっていました。お雛さまの中では、裃《かみしも》を着た裃びな、おじいさんとおばあさんがお内裏様になっている翁びななどが珍しいものでした。多分、ご当家のご隠居さんのお祝いにでも作らせたものではないかと推察しました。

太田家を出るとすぐ近くが港でした。坂本龍馬が軍資金を運ばせるために仕立てていた「いろは丸」がこの近くに沈んでいるそうで、いろは丸記念館にはその引き上げられたものが展示されているのでしたが、この日は他のことで時間がなくなり、省略。

常夜灯の前まで行って再び先ほどの路地へ。少し行くと、「崖の上のポニョ」の映画で鞆の浦が背景に使われて話題になっているという、監督・宮崎駿氏の行き付けという喫茶店がありました。おぜんざいが食べたかったのでしたが、あいにくの満席。時間も押しているのでその横を抜けてまた港のほうへ。はるかに対岸の先ほどの常夜灯やいろは丸記念館などを見て、駐車場近くのお店で保命酒の飴を購入。

それに、鞆鉄バスセンター近くの魚屋さんでおばあちゃん、夕食のお魚を購入。いりこ屋で買った、舌平目?が上にプレスされたおせんべいを食べながら帰りました。おばあちゃんに喜んでもらえて幸いなお出かけでした。

# 松江の興雲閣と堀川遊覧船

２００９年６月６日（土）

久々に松江へ行きました。この日岡山の予想最高気温は29℃、暑くなりそう、と予想して、でも念のため薄い上着を羽織って。ところがどっこい、松江の気温は20℃ほど、うっかり半袖で出かけなくて本当によかった。

倉敷からの行程は約１８０㎞、これまで本来の高速料金は４、０５０円のところ、ＥＴＣ割引のおかげで１、３５０円（米子インターまでが１、０００円、安木インターまでが３５０円）松江付近は高速道路が未整備で料金無料の区間もあり、松江西インターで降りました。

宍道湖が見えてくると、朝のドラマ「だんだん」でシジミ採りのシーンのロケもたびたびあった、松の生えた平たい小島「嫁ヶ島」が見えました。そのあたりは夕陽の撮影ポイントだそうで、そのための公園ができていました。後でポスターで知ったのですが、付近にある島根県立美術館は開館時間が3月から9月までは「日没後30分」までだそうです。

車は、以前と同じ松江城近くの堀川遊覧船乗り場付近の駐車場へ止めました。そこの整理員のおじさんにもらったチラシによると、午前と午後1時半からの2回、ボランティアガイドによるお城ガイドと小泉八雲旧宅、武家屋敷などのガイドツアーがあるそうでしたが、どこも以前行ったしなあ、と思い、とりあえず早めのお昼を食べられるところを探しました。

すると、「蔵々《くらくら》」というお店が島根ふるさと館の東にあったので入ってみました（現在閉店）。カウンターとテーブル席が2つほどの小さなお店で男性ばかり3人がカウンターの向こうで働いていました。夫は刺身定食1、500円、私はせっかくなので出雲そばが食べたいとそばの定食1、200円。お刺身は目の前の日本海で取れた新鮮なもの。出雲そばは薬味をかけてからつゆはつけ麺ではなくて割り子の中に直接かけて食べるのが特徴だそうです。

食後はお城のほうへぶらぶら歩いて行き、観光案内所のポスターを見ると、「松江ゴーストツアー」というのがあり、1人5、800円で小泉八雲のひ孫にあたる小泉凡さんの講演を聞き、郷土料理を食べ、八雲が書いた怪談の舞台となった場所を訪ねて語り部に語ってもらうという興味深い趣向。みればその日6日の18時10分出発、というのもあったのでとても残念でした。

そして明治天皇をお迎えするために建てられた迎賓館という松江郷土館（興雲閣）へ行ってみました。おりしも日本三大船神事の一つという「ホーランエンヤ」というお祭が12年ぶりにこの5月16日から24日まで開催され36万人の人出だったとのことで、その衣装などが展示されていました。元は１６４８年に始まった豊作祈願のお祭だったそうです。４、５カ所の地区から華やかな飾りつけの約１００隻の大船団が出て、５隻の櫂伝馬船では、へさきは男踊りの「剣櫂《けんかい》」、艫《とも》は女踊りの「采振《ざいふ》り」の華やかな歌舞伎衣装のようなのをつけた舞いが披露されるそうです。興雲閣には大正天皇が皇太子の頃に泊まられたそうで、玄関の真上の洋間はそんな時代の調度品が置いてありました。

１時過ぎから、堀川めぐりの遊覧船（1人1、２００円）に乗り込みました。遊覧船はひらたい屋根のついたモーターつきの川舟で、低い橋の下をくぐるときには屋根の支柱がグーンと倒れてお客も姿勢を低くします。川からの武家屋敷や小泉八雲旧宅、緑のトンネルの景色が移りゆくのを見て行きました。志賀直哉旧宅は昨年まであったそうですが今は新築の建物に替わっていました。また、川沿いにはあじさいがちょうど満開で1段低いところに植えられていたり、サギやかわせみなどの生き物のモニュメントが所々に設置されていたり、小泉八雲による幽霊のレリーフが川に向かって設置されていたりして楽しませてもらいましたし、お城が最もきれいに見えるスポットもあって、堀川からならではの風景を堪能しました。

お土産は宍道湖のシジミと、松江の和菓子でした。

## 西の京・山口の瑠璃光寺五重塔、サビエル記念聖堂

２００９年９月５日（土）

岡山駅を10時過ぎの新幹線で発ち、山口を目指しました。のぞみで66分、新山口駅は、以前は小郡駅と言っていました。在来線へ乗り換えるのに、乗るべき電車は２番線、トイレは１番線、というので１番線ホームに行くと、うれしいことにちょうどＳＬ山口号、津和野行きが発車を待っていました。

鉄道唱歌が流れる中、大勢の見物客が列車や機関車を背景に、運転士さんと一緒に、記念撮影。運転士さんも心得たもので、幼児２人が運転士席の前で立っていると、制帽をかぶせてあげていました。時間にゆとりがあったので車内に入ってみると、テーブルが付いたものあり、背の高い安楽椅子風の座席あり、車両によってまったく違う内装でした。

こちらも2番線の電車に乗り込むと、山口号発車〜。最後尾の展望デッキにも人が鈴なり。あとで考えると、まだ乗車券に余分があると言っていたので、私たちも少し余分に払えばこの津和野行き列車に乗っても山口まで行けたのでした。惜しいことをしました。ホント。……

でもまあ、乗ってる人は列車が写せないわけだし……。

20分ほど乗って山口駅に降り立つと、なんとまあ、県庁所在地とは思えないほどのローカルな駅。トイレに行くと、トイレットペーパーも用意されていないし。それに駅構内にたいてい観光地図などは無料で置いてあるのがそれもない。で、売店で「お食事ができるところは？」と聞くと、観光マップを出してくれました。あるんだ。それならちゃんと目に付くところに置いていていてほしいなと思う。ともかく、そこの店員さんが親切に教えてくださった和食の店「いちやなぎ」までは徒歩10分くらいという。帰りに聞いたタクシーの運転手さんの話でも、「駅前には気のきいた喫茶店もレストランもなくて、いちやなぎくらいかな？」と言っていたので、そうなのでしょう。

教わったとおりに駅を出て左手に10分くらい歩くと、ありました、「いちやなぎ」。和食の店でハンバーグ定食でもないでしょう、と、「お造り膳」、1,380円。個室も奥の両側にずらりと10室くらいあり、テーブル席も6つくらい、私たちは10席くらいあるカウンターでした。

倉敷に午後5時に帰りたいと時刻表から逆算すると、午後2時過ぎくらいまでしか観光する時間が取れなかったので、あちこち欲張らずに瑠璃光寺とサビエル記念聖堂の2カ所だけに絞り、ここでタクシーを呼んでもらいました。

サビエル記念聖堂を右に見て、まずは瑠璃光寺へ。瑠璃光寺の境内は、「日本の歴史公園

100選　香山公園」として整備されているエリアでした。この瑠璃光寺五重塔に魅せられて、70歳のときから取材を重ね、89歳で『周防国五重塔縁起見残しの塔』という作品で作家デビューしたという久木綾子さんという人のことを、新聞やラジオで少し知っていました。それでこの塔を実際に見てみて、久木さんがどうして魅せられて何度も何度も足を運ぶことになったのかわかる気がしました。背景になる自然のたたずまいと桧皮葺の屋根のやさしいカーブが一体になって、なんとも美しい塔でした。

次に目指したサビエル記念聖堂。昔の（サビエルが山口を訪れてから400年を記念して昭和27年に建てられた）サビエル聖堂が焼け落ちたと聞いて、とてもとても残念な思いがしたことを思い出します。

タクシーの運転手さんによると、その日（1991年9月5日、偶然にも訪ねたのと同じ日）は、とても変なお天気で、山の稜線を横に稲光が走ったのを見たそうです。そして、火事のニュースを無線で聞き、まさかこの聖堂が火事とは思わなかったそうです。聖堂のある山のすぐ下に大きな消防署があるからだそう。ほんとうに大切な文化財であり観光資源でもあったのに、原因は漏電？　落雷？　放火？――内部の資料館に焼けたときの映像がビデオのスライドショーで流されていました。美しい建物が……無残でした。

行くとちょうど結婚式を終えたばかりの一団が出てきたところでした。聖堂内部は撮影が不許可、昔の建物と違い超モダン、柱が1本もない大きな空間。右手片隅の十字架の飾りの中に収められていたのは、聖フランシスコ・サビエルの右手の骨の一部だそうでした。1階の資料館（入館料300円）には、サビエルの布教の様子を図解したものや神父様の祭服の展示など。聖堂前の芝生広場はゆったりとした広さで、大内氏に保護されてこの土地を与えられたのかなと思いました。

もう一カ所くらい行きたかったのですが、時間が中途半端になるから、と運転手さんが言うので、JR山口駅へと送ってもらいました。

## 柳井を訪ねて

2010年5月4日（火・祝）

以前から私のブログに興味を持って見てくださっているという、山口県柳井市のYさんから、ぜひ遊びに来て、というお誘いがあり、この連休に実行に移すことにしました。

道路は時間が読めないので、電車にして、片道2時間半。夕方早めに帰りたいと思うと、出発はどうしても7時半前後ということで、倉敷発午前7時46分。岡山からはひかり491号広島行きで9時5分到着。新幹線のルートとはずいぶん違い、山陽本線のほうはこの柳井のある南のほうへ海岸沿いにずっと曲がって走っているのでした。広島から乗り換えた山陽本線の岩国行き普通列車は、宮島へ行く行楽客でいっぱいで、宮島を過ぎるとがらっと空いて、海も見えていい感じ。

柳井到着は10時54分でした。14時4分ので帰る予定だったので約3時間の滞在。

出迎えたYさんに案内されてまず行ったところは、「やまぐちフラワーランド」という、花《か》卉《き》の試験場に併設のお花がいっぱいのテーマパークのような場所。行楽の家族連れなどで広い駐車場は満車状態。そこになんとか車を止めて、ここでパスタのランチをいただきました。

お昼を済ますと、白壁の町並みを案内していただきました。通りが1本だけの小さい町並みですが、文化財の古い商家やら、醤油の製造業者の蔵が見所だそうで、まずは醤油蔵へ。

醤油蔵は歴史を感じさせる薄暗い中に、昔の製造用具や絵の展示、はしごを上っていくと、巨大な樽の中に今も熟成中の醤油が静かに眠っていました。（夫、昔の田んぼの片隅にところどころにあったアレを思い出したそうな、申し訳ない。）そばには鉄道唱歌の柳井篇の展示があり、1番の「汽笛一声新橋を」に始まり鉄道の敷設に伴って、全国の名所を読み込んだ歌詞ができていったとは聞いていましたが、柳井ではこんな歌詞か、と知りました。

「風に糸よる柳井津の　港にひびく産物は　甘露醤油に柳井縞　からき浮世の塩の味」

刺し身醤油をお土産に購入。

そこを出ると、「西蔵」というそれももとは醤油蔵の建物を体験コーナーなどのある展示館にしていて、名物のかわいらしい「金魚提灯」の製作体験をしている人やら、鉄道唱歌にも詠み込まれていた名産の柳井縞という織物を体験する、機織り中の女性が3人ほど。これも連休ならではの盛況なのかも。

西蔵を出て先ほどの醤油屋さんの門前に出ると、「かにが通ります」という変わった標識に遭遇。かにさんをふみつぶさないように、というやさしい配慮でほほえましい。

ご当地ソフトの醤油の味がする？　甘露ソフトを売っているというお店へ行きました。普通のお土産屋さんで、頼むと店の奥で作って出してくれました。ソフトクリームなのにジェラートみたいなコーンのへらがついてきました。濃い味わいのソフトクリームでした。

Yさんが、「次は古墳を見ていただこうかと思うんです」。

車に乗ること約5分、県営団地みたいなのの上のほうにありました。松とかの木が生えた小山を想像していたら、石ころの小山でした。造営当時の様子を再現したようで、後世積もったと思われる土を取り除けてあり、造営時には置いてあったであろう埴輪まで盛大に置いてありました。こんな古墳見たことない。また、取り付け道の傍らには、小学生の社会科の勉強になるように、紙芝居みたいに、古墳が造られる経緯が詳しく設置されていて勉強になりました。

手すりのついた階段を登ってみると、瀬戸内海まで一望できて、古代人になった気分でした。山頂には羽が生えたような珍しい形の埴輪も多数。

時間が迫ってきて、駅に送っていただき、お土産に明治の文豪国木田独歩も愛したという三角の容器に入った「三角餅《みかど》」を購入。Yさんの親切な案内を感謝しつつ初めての柳井を後にしたのでした。

## 鞆の浦を歩く

2010年6月19日（土）

梅雨の中休みのうす曇の日。広島県福山市鞆の浦に出かけました。行程約59㎞、うち高速道路部分40・5㎞、高速料金600円でした。

到着は11時ごろ。鞆鉄バスセンターの駐車場に止め、横の売店で駐車料金1、000円前払い。2、000円以上買い物をすると500円返金してくれるとのことでした。

お店に食べ物屋さんの地図があったのをながめ、また別の地図もいただいていざ出発。

ほどなくビーチパラソルの下にトロ箱をいくつか並べた露店の魚屋さんを見つけて、この土地ならではののどかな風景だなと思いつつ通過。沼名前《ぬなくま》神社の門前においしそうな定食などのサンプルを並べていた「魚源」を見つけ、そこでお食事、と思っていたら夫は先へどんどん行くので「ちょっと〜、地図を見てよ〜、この近くにもう食べ物屋さんは無いよ〜」と言うのに無視されて、仕方なく、顗政寺、妙連寺の門前を通過、小さな太鼓橋「ささやき橋」、山中鹿之助首塚を通過。さらに静観寺、法宣寺を通過。

東へと入り、地蔵院を見上げて通過、澤村船具店前を通過。で、その直前に見たおふくろの味風な「おてび」というひなびた店に入りました。壁には「龍馬伝」の福山雅治さんや広末涼子さんら俳優のロケ風景の写真多数。「鞆の小魚定食」９５０円。本当に小さな魚の甘露煮、唐揚げなどの盛り合わせの定食でした。食べ終えて外に出て外観を見ると、なんとまあ、本瓦葺きの江戸時代を思わせるような風格のある建物。この地でロケがあるのもうなずけました。

もと来た道を引き返すと、友光軒というレトロな建物の喫茶店。そこは元は理容店だったようで、壁にその店名をはがしたような跡。隣の建物は銭湯だったらしい店の前面の壁を取り払って駐車場になっていました。奥のほうにはタイル張り、高い天窓のあるスペース、手前の折り上げ天井のところの壁には「お手回り品にご注意」などとあり、脱衣室だったらしい。

医王寺へ上がる石畳の坂道を上り、以前行ったことのある展望喫茶「セレーノ」に行くことにしました。それにしても、人一人通るのがやっとの曲がりくねった路地を「本当にこの先にあるの？」と心配になるほどに、小さな看板を頼りに進み、かなり奥まったところに、やっとたどり着きました。建物の裏手を通るとき、なにやらバイオリンの音色が聞こえてきて、まさかと思ったらそのまさかで、ライブがありました。

セレーノのテラスからは鞆の浦の港が一望できて、歩いてきてじっとりと汗ばんだ体には海風が心地よく吹いてきました。手作りのみかんケーキなどを注文。電子ピアノとバイオリンでビバルディの「四季」など、それが済むと今度は声楽、ミュージカル「レ・ミゼラブル」より、それにマリンバ演奏で童謡メドレーなど、が次々とありました。軽い音あわせらしく、1、2曲ずつ。私は小学5年生でこのマリンバという、木琴の下にパイプがついた楽器を弾いていたので懐かしく、柔らかな音色に聞きほれました。ハーモニーをつけながらトレモロの演奏をするなど、さすがに高等技術。最後に電子ピアノ、バイオリン、マリンバ、歌の4人で鞆の浦にちなんで「崖の上のポニョ」のテーマを演奏。拍手。聞けば2時からコンサートがあるのだそうでした。何も知らずに行った私達、コンサートをめざして聴きにきたのと間違われ、いえいえ、偶然です、とお断りして立ち去りました。無期限のサービス券を頂き、またいらっしゃいということで。

丘を下って港のほうへ行き、常夜灯のそばまで行って、いろは丸博物館のとなりのお店「とうろどう」のメニューを見たらカキ氷があり、暑くなったので食べたいな、と注文、港が見える外の席でいただきました。今年初めてのカキ氷でした。３００円。

そこから、路地の途中の「いりこ屋」まで行くと、どうしても買ってしまいます。１袋１、０００円のいりこの大袋と、鯛、えび、たこの揚げおかき。

それからまた港の周辺を通ってもとのバスセンター横の売店へ。すると、先ほどいりこ屋で勧められて買ったおかきがこちらのほうが安くてがっくり。でもあのひなびたお店のおばあさんに「これおいしいよ」と言われるとつい買ってしまうんですよね。

いろんな古い建物などの探検ができて面白かった3時間ほどの歩きでした。

## 鳥取県境港市　海鮮丼とさかなセンターへ

2010年9月5日（日）

NHKの朝のドラマ「ゲゲゲの女房」を見て、夫が「境港へ行こう」。私は「妖怪には用はない。水木しげるロードではなくて海鮮丼でも食べて晩御飯の魚を買ってくるのなら」ということで、出発。

10時40分ごろと遅めの出発だったので、カーナビをセットすると到着予想は1時頃で、行程は157km。高速料金は、岡山道は無料化実験中、あとの中国道、米子道を通って1,000円でした。山々はくたびれたような緑、夏は過ぎ秋に向かっていますがこの暑さ。蒜山あたりで気温は31℃、県境付近の江府《こうふ》で29℃でした。

米子に入ると、所々で渋滞。右車線でラジオを聞いていたのでわからなかったら、隣の人が窓を開けて何か叫んでいるので、「え？」と窓を開けると、後ろから救急車が来ているから道を空けるようにということ。あわてて右に寄って間を空けると、救急車が通りぬけて行きました。きれいなケヤキ並木があり、その付近渋滞。お店の駐車場に入るためのようで、そこを過ぎると解消し、ホッとしました。

弓なりの海岸道路は松並木で海はあまり見えず、冬の厳しい季節風を防いでいることを実感。行きすぎて少し迷ってから、境港さかなセンターへの入り口の道へ入り、付近の海鮮レストランを探すと、回転ずしの店と、海鮮レストラン「味平」というお店の2軒だけ、それぞれに7組から8組の待ち客がいました。

境港さかなセンター

そこで「味平」へ。バイクのツーリングの若者らしい14人という組も。店内は真ん中に船のようにしつらえたお座敷席があり、その周囲にはいけすがめぐらせてあって、カレイが底に張り付いていていました。

だいぶ待って、やっと席に着け、目指してきた海鮮丼の特上2，000円と、ついでにせっかくなのでとアワビのお刺身1，500円を注文。でもさらに20分くらい待ち、2時前ごろにようやくありつけました。さすがにボタンエビ、イクラ、タコ、ウニ、鮭、アジ、カンパチ?、サワラ、カニなどが入って豪華でした。が、アワビのお刺身は5切れで、1切れ300円、歯ごたえ抜群とはいうものの、もったいない感がありました。満員の混雑の中でも従業員の女性たちが笑顔でてきぱきと働いているのには好感が持てました。

続いてさかなセンターへ。日生漁港が漁師のおかみさんによる出店中心なのに対して、こちらは卸業者さんのお店らしい。瀬戸内海とはかなり魚種が違い、カレイやアジなどの干物とか、アゴ（トビウオ）のちくわなどの加工品、ハタハタとかノドグロといった珍しいものや、カニ、天然ハマチ、イカ、サザエ、ボタンエビ、アマエビ、クルマエビなどが見られました。我が家用にと、1尾だけあった40、50㎝くらいありそうな大きな天然鯛、2，500円のところを2，000円、イカ2杯2，000円で購入、三枚下しにしてもらって氷たっぷりのトロ箱に入れてもらいました。

帰り道から見る大山の雄大な風景は、広い田んぼの中でのどかでした。バイク組にも途中遭遇、車から見ると運転しづらいけれども、開放感いっぱいのようでうらやましい。

帰宅後、鯛のあらでうしお汁、それにイカと鯛のお刺身を作りました、鯛は大きかったので5人前のお刺身と、翌日用に塩焼きの切れが3切れ取れました。

甘みがあって「大変おいしゅうございました」。

## 尾道の商店街を歩く

2012年1月29日（日）

寒い日でしたが、先週に続いてちょっと遠出、といっても愛媛の内子に比べたら4分の1くらいの距離。

市役所横の駐車場に止めて、海岸からすぐの通りにあるラーメン屋さん、「つたふじ本店」ですが、小さなお店なのにいつ通っても10ｍくらいの行列ができているのです。

この日は男性のグループが入った後は行列がない！　一度くらい有名な尾道ラーメンとやらを食してみたいではありませんか。そこで寒空の元、夫婦2人並んで待ちました。満席のはずなのに2人ほど店内に入るのでどうしたのか見ると、お持ち帰り用の麺とスープの入った袋をぶら下げて出てきました。

やっと入ってみると……カウンターに丸椅子が10席ばかり、カウンターの後ろは人がやっと通れるくらいの隙間しかないような狭いお店でした。店主のご夫婦と皿洗いのオバサンの３人で作っていました。大盛り６５０円、並み５５０円。夫婦とも並みで。古典的というか、昔ながらの硬めのストレートの細麺、スープはあっさりでした。

続いて、お向かいのカキ料理のお店で焼きカキをいただこうという思いがあったのです。建物の外観は古ーい感じでした。店の前にカキフライの入ったピタパンみたいな「カキフライパン」が展示してあったのに興味を引かれて……、お店の前には2個組みたいだったのに、来たのは半月型のが1個。パンは熱々、ではなかったけれど。ラーメンの後なので夫と半分こしていただきました。４００円。焼きカキ、６個組で１、０５０円。

寒いせいもあり、山側には行かないで商店街をそぞろ歩きしました。昔風のかごやら曲げものなどの懐かしい品物を売っているお店。つい中に入って見せてもらうと、奥の方ではお母さんと女のお子さんがクッキー……ではない野菜の煮物の抜き型……もみじだったりマツタケだったり……をあれこれとみていました。松花堂弁当などのご飯の抜き型だとか、和食関係の道具も。

毛糸屋さん。編み物からも遠ざかっているけれど、寒いのでかぶって出てきたニット帽、かなり糸玉が出てきて古びたので、いいの無いかな？　と見ているうちに、同じようなくすんだ赤の中細糸とを買い込んでしまいました。あとで（編む暇あるかな……汗）とちょっと後悔……。

以前製造しているお店にいったことがある、頑固親父の豆菓子を置いていたのは、お風呂屋さんを改造したお店です。店頭にあったおせんべいをお土産に購入しました。

元商工会議所の観光案内所では、尾道を舞台にした朝ドラの「てっぱん」のロケ地の案内とか、写真、主人公が手にしていたトランペットの展示がありました。尾道の歴史なども学べます。ところどころの小路の向こうには海が見えるのがここの商店街の特徴。なんと「うば車」の専門店がありました。といってもいわゆる高齢者用の手押し車でしたけれど。びっくりです。

先ほどの毛糸屋さんの店先を通ると、店主さんが糸車を回しておられました。「まあ、なつかしい」というと、「懐かしいと思う人は年代がわかるよ」と言われてしまいましたが、母に両腕を貸して糸取りのお手伝いをしたことがある人、若い人にはいないのでしょうか？

和紙の専門店。やっぱり倉敷にも鈴木の紙屋さんがありますから、同じように古い商店街にはこうした商売があるものなのでしょう。

そして、瀬戸物屋の「ももんく」。こちらに最初に来たときは、明るくおしゃべり好きなおじいさんとご夫婦で店番をしていらしたおばあさんが、聞けば97歳で現役。おじいさんが亡くなられて5年だそうです。

欲しかった軽くて手ごろな大きさのうどん丼を800円で購入。同じ絵が5個あったので、3個でも、と思っていたのについ5個買ってしまいました。そして……最初に立ち寄ったラーメン屋さん「つたふじ」のあるほうの小路を抜けて海岸通りへ行くとそこには、もうちゃんと店の前に行列ができていました。尾道グルメマップとやらに掲載されているそうですが、ちっぽけなお店にこれだけ途切れずにお客がつくとは、ただ者ではありません。

海辺の駐車場にたどり着き、尾道を後にしました。

この日のお土産。うどんどんぶり5個、「手焼き　にぎり地蔵せんべい」、毛糸。

# 北海道・東北篇

牛タン（仙台）

宗谷岬

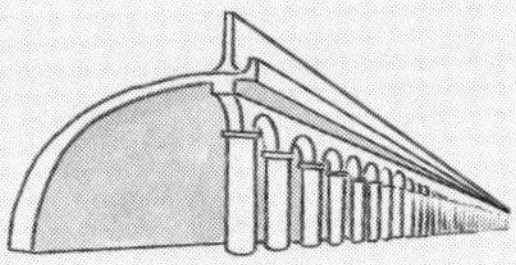

防波堤ドーム（稚内）

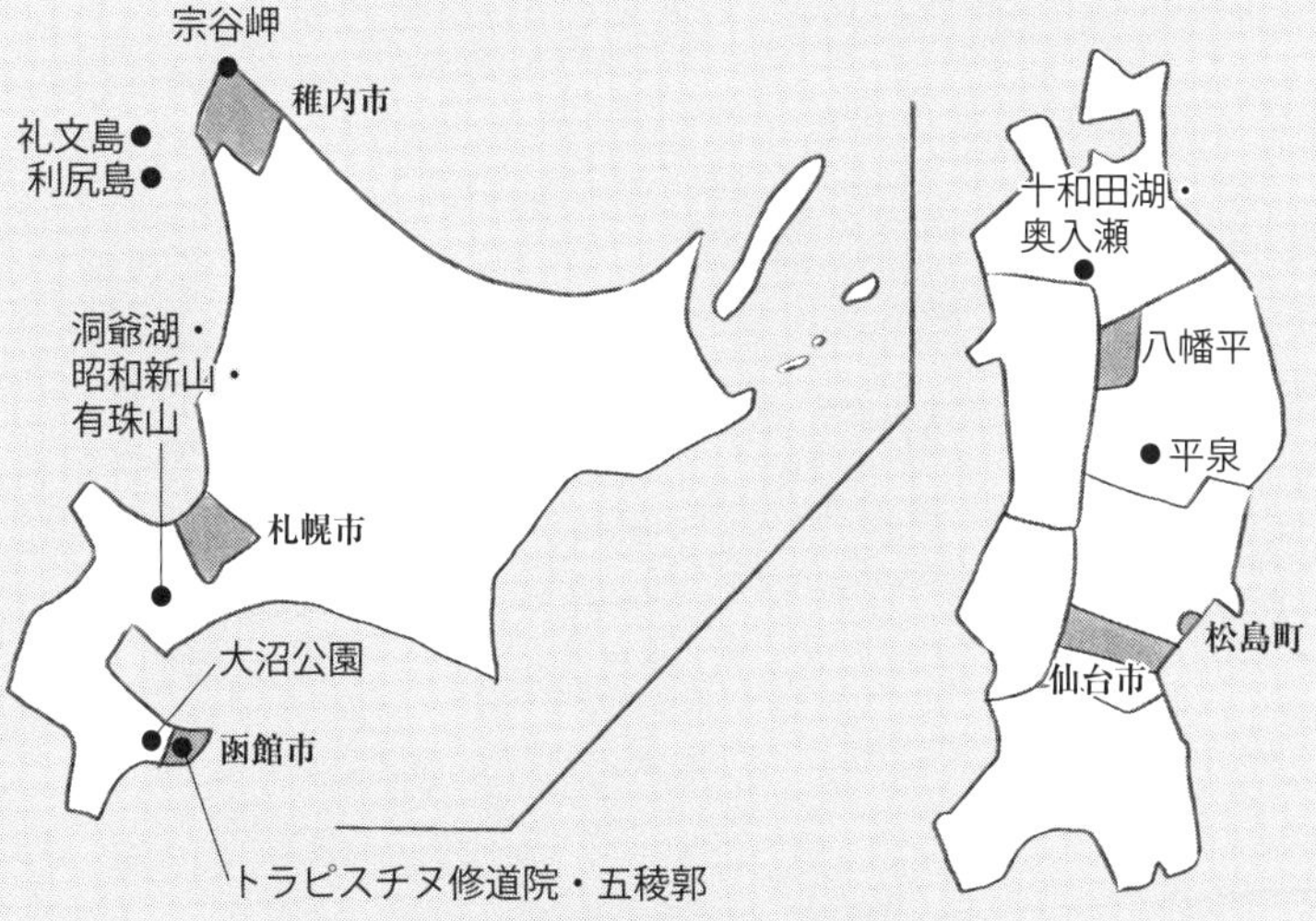

## 北海道へ　その1　宗谷岬と稚内

2005年7月2日（土）

2005年7月2日から6日まで、4泊5日で北海道の稚内、礼文、利尻、札幌、函館を旅してきました。昨年は知床から小樽までの東から西まで、今回は北の端から南までの旅でした。岡山空港を10時20分ごろ出て、羽田で乗り継ぎでした。573便、稚内行きです。岡山からの便は揺れて恐かったです。2度目の北海道、大きな自然が楽しみです。

午後3時15分、稚内空港からレンタカーで宗谷岬に向かいます。左は紺碧の海。右の陸側、さすがというか、何もありません。

宗谷岬に着きました。レンタカーを降りると風が冷たい。以前テレビで見たことのある最北端の逆「V」のような形のモニュメントの前では記念撮影ラッシュ。私たちもその場にいた人と替わりあって写しっこしました。あの樺太は半島でなく島だと探検で証明した間宮林蔵の銅像もありました。

土産物屋さんの奥には流氷記念館があるというので行ってみると、巨大冷凍庫に本物の流氷の固まりがごろごろ保管展示してありました。マイナス12℃、凍えそうでした。

今度は海を右に見て稚内を目指しました。約40分、宗谷岬から緩やかなカーブを描いて反対側にあるノシャップ岬。

行ってみると、「皆さん　これが最後です　さようなら　さようなら」という最後の言葉と、9人の名前を記した碑があり、樺太（サハリン）で電話交換手たちが、攻めこんでくるソ連のために最期まで職場を守って自決したことを知りました。昭和43年にこの地を訪れた昭和天皇はこの事をお知りになって歌を詠まれています。

昭和天皇の御製

「樺太に　命をすてし　たをやめの　心を思へば　むねせまりくる」

皇后陛下の御歌

「樺太に　つゆと消えたる　乙女らの　みたまやすかれと　ただいのりゐる」

の歌碑がありました。

この北の果てにも戦争にまつわるそんな悲劇があったとは、初めて知って厳粛な気持ちになりました。

一旦ホテルに荷物を下ろしてから、散歩がてら18時10分、稚内駅にやって来ました。日本最北端の駅という看板が立っていました。小さな駅です。端のレールは上に曲げてあって、この地が日本の鉄道の最北端だなと、地図ではよくわかっていたものの、この目で改めて見て確認した思い。文字通りの最果てです。あたりには誰もいませんでした。

そばの「夢広場　北市場」で解禁されたばかりの紫ウニをトレーに一杯買って夫と食べました。１パック１２０ｇ、１，２００円。わさび醤油をもらってシンプルにぱっくん。「もう食べたの？」と市場の人にあきれられました。

夕食は、「江花」というお寿司屋さん。

さらに歩くと、「サハリン航路７周年」と書かれたフェリー会社の看板も目につきました。サハリンへの航路もあるんだ、という事

稚内駅（日本最北端の駅）

を初めて知り、ギリシャ神殿を思わせるような高い柱で陸側を支えられた防波堤を見てからホテルへ帰りました。

## 北海道へ　その2　稚内から礼文島へ

2005年7月3日（日）

稚内の朝です。北国の夏の夜明けは早く、まだ3時半過ぎというのに明るいです。街灯の明かりがまだよく見えますが、明かりがその街灯だけしかないというのも北の果ての街らしい景色です。

ホテルをチェックアウトしてフェリー乗り場へ行ってみたら券の発売は1時間前からで、閉まっていました。しかたなく昨日から気になっていた防波堤ドームへ。柱の部分だけ見るとギリシャ神殿かと思わせるくらい立派な物。元のは昭和11年にでき、改修が55年に完成したというこの施設、北の荒波の凄さがわかります。夫は35年前、学生時代に来ていてこれだけ覚えていたそうです。

10時過ぎ、大きなフェリーに乗って礼文島に向かいました。団体客が大勢乗り込みます。

フェリーのデッキに出ると目の前に1羽のかもめがじっと止まっていました。こっちを見ても逃げません。広い海を飛び疲れて羽を休めていたのでしょう。人生、休息がいる時もありますよね。

約2時間の船の旅をして礼文島の港に到着しました。広い波止場には民宿などの迎えの車が多数来ていました。私たちが泊まるホテルは港から徒歩で行ける目の前。

荷物を置いてレンタカーで出かけました。まずは島の東側の海岸沿いを北の方へ向かい、高山植物園に行きました。高緯度のために低い標高でも高山植物が見られるのです。有名なレブンアツモリソウは残念ながら少し前に時期が終わり、わずかに鉢植えの、しぼみかけの薄いクリーム色の袋状の花が見られました。あの平家の若武者、平敦盛が背負っていた幌を思わせるような姿からの命名でしょうね。

ほかにも、エーデルワイスと親戚のレブンウスユキソウ、ハクサンチドリ、チングルマ、ハナウドなど、多くの花々が見られました。覚えきれません。

次に目指すは最北端のスコトン岬です。その岬より宗谷岬の方が北にあるらしいのですが、風景などからしてこっちの方が北の端感があった気がします。夏場なので自転車で走る若者も結構いました。廃校になっているであろう小学校もありました。

「スコトン岬」、なんて面白い名前なんでしょう。やはりアイヌ語から来ているのでしょうか。

岬の端、よりもさらに先の方に行って写真を撮りました。見れば岬の断崖の下の方に民宿があるのに驚きました。夏場だけのお宿なのでしょうけれど。

「最北端のトイレ」の表示をおもしろく見、昆布ソフトなるものを味わいました。

ここまでの北の端、最果て感のある場所はそうないだろう、と思いました。帰り道、トラックの荷台に乾燥した昆布を山のように積んだのを追い越しました。彼らは短い夏の間に一生懸命に仕事をしているというのに、私たちのような物見遊山にやってくる人々とすれ違って、一体どう思っているのだろう、と少々申し訳ない気持ちにもなりました。

スコトン岬から西の海岸へ回って南へと行くと、澄海《すかい》岬がありました。観光バスが多数止まっていました。

断崖の中の入江の色の美しいこと。そしてさっき一緒になった団体とまた出会いました。島は観光ラッシュです。

次の見所は「桃岩」、苔むした巨大な岩が、桃のような形をしています。ここの駐車場に車を置いて、整備されている尾根道のトレッキングコースを歩いてみました。お天気は上々、気温もちょうどよく、まるで「サウンド・オブ・ミュージック」の冒頭シーンみたいな山の上のお花畑、風はさわやかで心地よく、青い海の向こうには利尻富士。礼文の素晴らしさを満喫しました。緯度が高いので足元に広がるのは高山植物でした。団体ツアーだと、ここでガイドが付き、植物についても色々と解説がありながらのトレッキングをしている様子でうらやましく思いました。

## 北海道へ　その3　利尻島　札幌

2005年7月4日（月）

礼文島からまた大型フェリーに乗って利尻島へ移動しました。

10時半過ぎごろ、利尻島の港へ到着。

レンタカーを借りて島内を一周しました。開拓時代の武士のお墓だの、オタトマリ沼を見て回りました。オタトマリ沼、綺麗な沼です。雲に覆われていた利尻富士もだいぶ見えます。ここからの眺めが例の銘菓「白い恋人」の包装の絵柄に使われているそうです。ここの利尻富士町レストハウスで熊笹茶ソフトを食べました。

利尻島の方はほぼ円形で、礼文島ほどの変化に富んだ景色はないものの、このオタトマリ沼とエゾカンゾウの黄色い百合のような形の花の群落、利尻富士の高い峰と、海が同時に見えてなんとも素適な風景でした。

午後4時過ぎ、利尻空港から新千歳へ飛びました。

夕方5時40分ごろには札幌の大通公園を歩いていました。それまで地の果てともいえるような自然がいっぱいの土地を歩いていたので、札幌の大きな通りは文字通り都会にやって来たという、違う空気を感じました。

札幌在住の弟に連絡し、短い滞在時間での見所を尋ねると、「藻岩山、かなぁ」というので、市電で出かけました。風が強かったですが、ロープウエーで登りました。山頂にはレストランがあって、外国人の姿も。札幌の夜景が一望できる席でろうそくの灯りでディナー。ステキな夜になりました。

## 北海道へ　その4　洞爺湖、昭和新山、有珠山、大沼公園、函館　2005年7月5日（火）

札幌のホテルに一泊し、レンタカーで出発しました。折あしく雨。支笏湖も洞爺湖も土砂降りでした。洞爺湖のほとりも雨で土産物屋などは店を閉めており、ビジターセンターで地熱発電の仕組みの展示などを見て、ラーメンのお昼ごはん。乗る人もないスワンボートが多数湖畔に浮かんでいました。

続いて向かったのは昭和新山。むくむくと突如持ち上がったというお椀を伏せたような形の文字通りの新山。ほんのちょっとだけの駐車だったのに、駐車料金は４１０円でした。

続いてもっと新しい活火山、有珠山は、もくもくと煙が上がっていました。

午後3時半頃、海が見えだしました。目指す函館はまだまだ遠い。

4時15分ごろ、大沼公園に到着。ここまでずっと雨だったのですが、ようやくやみました。

大雨の夕方とあって、貸自転車なども黒いシートで覆われていました。

長いドライブの末に函館の湯の川温泉のホテルに到着。お天気は良くないものの、ホテル街を巡っているバスに拾ってもらって有名な函館の夜景を見に行けると聞き、早めの夕食をいただいてから参加することにしました。

余り期待もしないで参加したら、果たして、上る途中から山頂はガスで見えず。ほんとにほんとに残念。２合目あたりでようやくちょっとだけ、函館の地形通りの夜景が雨ににじんで見えました。

## 北海道へ　その5　函館　トラピスチヌ修道院　朝市　五稜郭

２００５年7月6日（水）

ホテルを出てまずはトラピスチヌ修道院へ。朝早く、静かな祈りの庭。ヨーロッパ風のレンガ造りの建物群。お土産に天使がお祈りをしている小さな置物を購入。シスターたちは世間と隔絶された祈りの生活を送りながらこうした品を作ることで報酬を得ていらっしゃるのでしょうか。

続いて土方歳三と石川啄木の記念館「土方・啄木浪漫館」。どちらも北海道にはゆかりの2人ですが、あまり印象に残りませんでした。

そして函館朝市へ。広い朝市では80歳くらいのおばあちゃんが店番をしているキタアカリというジャガイモを購入し送ってもらうことにしました。朝市の中では、イカの釣り堀があり、釣り上げたのをいか刺しにして1,000円。足がまだ動いています。他人が食べているのを見て、新鮮でおいしそうだったので、こっちも、とやってみました。夫がやってみると何とか釣れました。釣りあげられたイカが水やら墨やらを吐くのでご用心。

お昼は市場の海鮮丼。あちこちで海鮮丼は食べたけれど、ここのが一番新鮮で豪華で美味しかったです。ウニ、イクラ、イカ、ボタンエビ、カニ、とまあ豪華な食材がてんこ盛り。カニ足の入った味噌汁など。

連絡船摩周丸を見学して、五稜郭へ。修学旅行らしい小学生の一団と出会ったので、「どこから?」と聞いてみたら、道内の千歳から、との事でした。小学校だと修学旅行でも北海道からは出ないようです。今はもっと新しいタワーができていると思いますが、この当時も五稜郭の形を上から見た方がよいと、展望台の建物に行ってみました。

ここでちょっと事件がありました。レンタカーに帰るという時点で、夫がポケットを探って

「車のキーがない」と言い出し、慌ててレンタカーの貸し出し元に電話し、キーの番号を聞いて、鍵屋さんまでタクシーで走り、スペアのキーを作ってもらってまた引き返してみたら、なんと、キーは車につけたままになっていたのでした。飛行機に乗り遅れないかと大変心配したり怒ったり。結果的にはタクシー代や鍵代で５、０００円を払ったことは大損でしたがナントカ間に合いました。その後五稜郭がテレビなどで出るたびにこの事件を思い出すことになりました。

羽田での乗り継ぎ時間には、駅弁ならぬ空弁を、飛行機を見ながら食べました。

夕方16時50分ごろ、飛行機で飛び立ちました。

今回の反省としては、４泊は長くて後の印象が薄れる、駆け足でなくもう少しゆっくりとその土地を知りたい、最初に慌てず基本をよく確かめてから行動する、ということでした。

## 駆け足東北旅行　その１　仙台・松島

２００６年10月21日（土）

ちょっとそこまで……ではなくて、仙台空港へ飛び、三沢空港でまた帰るまでの間はレンタカーで夫と２人旅をしてきます。またもやすごい強行軍です。テーマはやっぱりモミジ。

お天気が、最後の見所、奥入瀬は雨の予報で最悪です。北から南下のコースにすればよかったのに……涙。それに北のほうは今とても寒そう。これまで27度くらいにもなっていた「夏日」の西日本から一気にですから、着る物の用意もピンとこないし、体もついていかないかも。

でも、こうなったら行くぞ。

飛びます、飛びます!!

朝6時45分に家を出て、10時過ぎに伊丹から仙台へ飛びます。

11時、仙台に着きました。

中でも特に並木が美しいという定禅寺通りです。仙台というと牛タンが名物だと聞いていたので、この通りから1本南の通りで「べこ政宗」という、お肉屋さん経営の牛タン屋さんに入りました。

牛タン定食、おいしゅうございました。再び定禅寺通り、所々に素敵な彫刻。うっそうと茂るケヤキの木陰。

お城跡に行くと、あの「荒城の月」の作詞で知られる土井晩翠の胸像がありました。晩翠先生、この地の人だったのね。明治4年(1871年)仙台の生まれだそうです。

それから有名な独眼竜伊達政宗の堂々たる騎馬武者姿の銅像の下では、盛んに記念撮影をするグループがいました。銅像の台座が立派で高すぎてなかなか画角に入れるのが大変そうです。

名物「ずんだ餅」もせっかくなのでカップ入り２９４円というのを食べました。

仙台から30数キロ、松島に行きました。

五大堂、瑞巌寺を見ましたがすごい人出でした。さすが日本三景です。五大堂へは下が見えるような朱塗りの橋を渡って。最初の建立は８０７年、坂上田村麻呂までさかのぼるのだとか。その時代には東北は未開の地だったのでしょうか。５体の明王像を祭ってあるそうです。

瑞巌寺で印象深かったのは、深い緑陰の立派な杉並木と、参道の右手にずらりと並んだ石仏や石窟でした。「鰻塚」と彫られた立派な碑まであり、鰻屋さんが供養のために立てたのかと想像しました。さまざまな形の小さな石仏は意匠を楽しませてもらいました。お庭には臥龍梅という慶長14年（１６０９年）に伊達政宗が植えた、八重咲という梅の木が年月を感じさせる太い幹とうねった枝ぶりを見せていました。花の時期でなかったので残念でしたが。

## 駆け足東北旅行　その２　平泉

２００６年10月22日（日）

松島から車で89㎞ほど、１時間余りのドライブで中尊寺に着きました。

中尊寺に続く月見坂。杉の巨木、急傾斜の坂道です。ここもすごい人出で、途切れることのない人波の中をフーフーいいながら上りました。

坂の途中の左手には「弁慶堂」がありました。この中には、「勧進帳」に出てくる義経主従が背負った「笈《おい》」があるそうです。

さらに進むと、この旅のハイライトの1つ、中尊寺金色堂（覆堂）が見えてきました。中へと入ってみると、まさに「黄金の島、ジパング」の由来かと思われる、金箔を貼り付けただけではなく、螺鈿《らでん》細工などの工芸がすばらしくてまぶしい。お堂全体がガラスケースのように保護されていたのにも、心無い人のいたずらや盗難防止の観点からは当然かな、と思えました。

金色堂の傍らに、解体移築された旧鞘堂がありました。大仏殿みたいに折上げの屋根構造になっていて、中には記念の角柱が立てられていました。

「五月雨の降り残してや光堂」　芭蕉

モミジの中尊寺を期待したのですが、残念ながらこちらは岩手でも盛岡よりかなり暖かいそうで、まだまだのようでした。

月見坂を降りていったあたりにある小さな公園のような場所には、あの弁慶の墓があったのです。たまたま隣り合ったバスの団体にガイドさんが解説したのを聞いて行ってみました。倉敷の天城小学校のすぐ隣にある「経ヶ島」という、藤戸の合戦を弔うためにお経が納められたという小山の上にある五輪の塔と同じくらいの大きさ、年代もほぼ同じくらいでしょう。

お昼には門前の食堂でそばを食べました。

中尊寺から徒歩8分くらいという、義経を祀った義経堂に行きました。中には彩色された、鎧かぶとをつけた義経像が安置されていました。彩色はきれいで、ガラスの奥に保存されているので状態がよいのでしょう。頼朝に追われ、文治5年（1189年）、三十一歳で自刃したという義経終焉の地、北上川のほとり。大河ドラマ「義経」のタッキーの姿を思い出しました。合掌。

義経堂の近くの土手の上に句碑がありました。

「夏草や　兵《つわもの》どもが夢の跡　　芭蕉」

義経堂から見た北上川は、たっぷりと流れていました。

## 駆け足東北旅行　その3　八幡平・十和田湖

２００６年10月22日・23日（日・月）

中尊寺からさらに車で東北縦貫自動車道を北上、1時間余りかかって八幡平に向かいました。途中、宮沢賢治のふるさと花巻を通過。花巻にも行ってみたかったけれど。

盛岡も通過。「八幡平アスピーテライン」は標高約１５００mの八幡平の山頂までの約27㎞のドライブウエーで、寒冷地らしくなだれよけの柵や雪よけのトンネルがいたるところにありました。ヘアピンカーブ多数。

山頂付近に近づくと、そのあたりはすっかり紅葉が終わって荒涼とした風景になっていました。でも下りにかかり、標高１０００m付近になると、目も覚めるような紅葉が真っ盛り、右も左も見事な「もみじ」の唱歌のような風景でした。

そこから1時間くらいのドライブ、秋田県の北東の端、鹿角《かづの》市の大湯温泉の宿に行くまでになんとかリンゴを送れそうなところを見つけたいと焦る私たち。リンゴ園はあるのになかなか販売しているところが見つからなくて。

薄暗くなりかけた夕方4時半、やっとありました。「錦光園」という直売所。秋田弁の老夫婦の「どれもおいしいよ」という言葉に、３種類ほど試食させていただき、こちらでは手に入らない「紅月」という真っ赤で香りもよくて、おいしいと思うのを送りました。

翌23日、十和田湖へ向かいました。宿の大湯温泉から十和田湖までは約40㎞。途中から霧雨になり、展望台では十和田湖は煙って見えました。

駐車場から高村光雲作の乙女の像までは徒歩7、8分くらい。やっぱりここも観光スポットだけあり大勢の人。で、ガイドさんの話を横から聞けるという特典もありました。

雨に煙る十和田湖には赤や黄色の合羽がよいアクセントになりました。時間があったら遊覧船にも乗れたのですが。

## 駆け足東北旅行　その4　奥入瀬

２００６年10月23日（月）

奥入瀬は十和田湖から流れ出る唯一の川だそうですが、谷川なので駐車スペースはわずか、銚子大滝のパーキングエリアに止めて歩き出しました。

銚子大滝は、横幅が広く、折からの雨のためか、たっぷりとした水がどうどうと音を立てて流れていました。佐藤春夫の詩を書きつけた看板が立っていました。

「友よ谷間の苔清水
歯朶の雫よ滝つ瀬よ
やがて野川に濁るべき
明日の運命《さだめ》は欺かざれ」
（一部を抜粋）

美文調の長い詩でした。昔の人もこの奥入瀬の美しい風景には感じることが多かった事と思います。

紅葉の林の中をうねりながら流れる谷川、風景の中を、散り敷いた落ち葉がぬれてふわふわした足元、ところどころの水たまりをよけながら歩きました。

やっぱりここも観光客が押し寄せ、沢山の人々とすれ違いました。韓国語をしゃべる一団も。

奥入瀬

私たちが歩いたのは「姉妹の滝」の所までのほんの一部でした。帰りの飛行機の便が決まっていたので先を急ぎました。

三沢空港で、東京便に給油が始まっています。この後、この飛行機は計器の異常が見つかり、1時間も遅れての出発でした。

三沢は全国で唯一、アメリカ空軍、航空自衛隊、民間が共同で使っているそうです。戦闘機が盛んに発進を繰り返し、ヘリも飛び立っていました。

私たちの飛行機も30分遅れで離陸、軍用ジェット機が駐機している風景が見えました。

「翼よあれが大阪の灯だ!!」……雨模様で薄暗い大阪の町には、すでに灯りがぽつぽつと点り、大阪城公園が見えました。

旅も終わりました。機内で、重ね着していた服を2枚脱ぎました。

# 中部地方篇

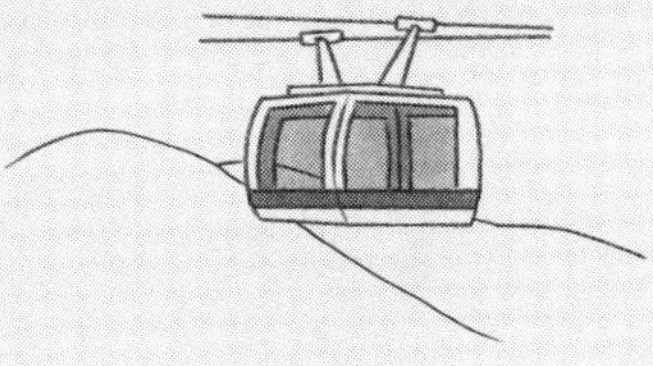

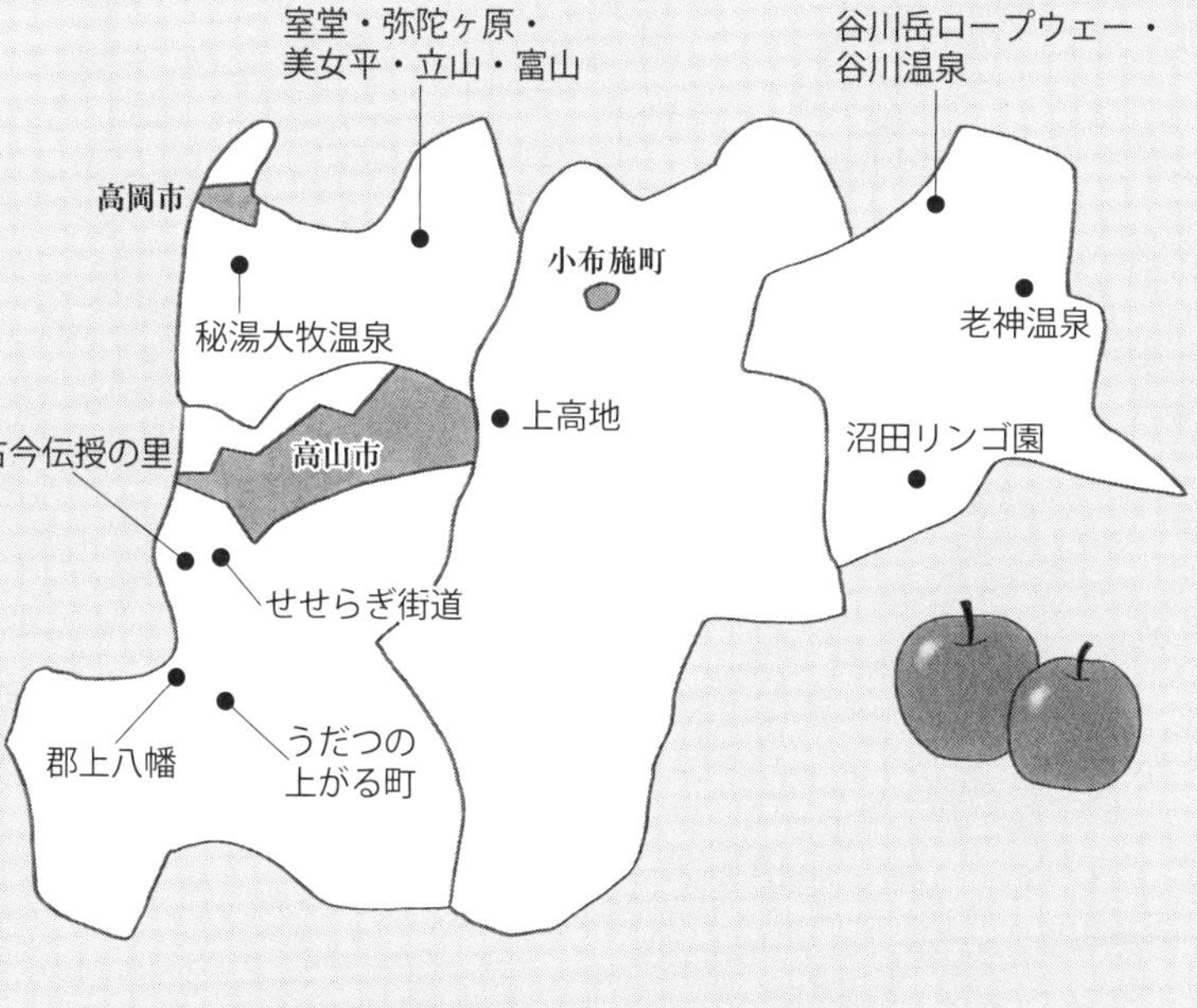
室堂・弥陀ヶ原・
美女平・立山・富山
谷川岳ロープウェー・
谷川温泉
高岡市
小布施町
秘湯大牧温泉
老神温泉
上高地
高山市
古今伝授の里
沼田リンゴ園
せせらぎ街道
郡上八幡
うだつの
上がる町

# 立山・黒部の旅　室堂～弥陀ヶ原～美女平～立山・富山

2007年10月14日（日）

立山黒部アルペンルート。前日に信濃大町から黒部ダム、黒部平、大観峰といろいろな乗り物を楽しみながら登ってきて、日本一標高の高い、ホテル立山で一泊。

5時半ごろ起床、6時過ぎからセーターなどを着こんで散歩に出ました。まだ日の出前でしたが三々五々、散歩する人の姿がありました。昨夕とは反対に下のほうのみくり（御厨）が池方面への石畳の道を行くと、黒っぽい水をたたえたすり鉢状のみくりが池が見えてきました。ベンチが何カ所かあり、景色を眺めるに良い場所と察して座ろうとすると凍っていて、誰かのお尻の丸い形に解けて黒くなっていました。みくりが池のほとりには雄山の方角から出るご来光とみくりが池を一緒に写すために4、5人のカメラを構えた人が待機中。山の日の出は7時過ぎで寒くもあり、私たちはあきらめて帰りましたが、帰る途中灰色の小鳥を見ました。何だろう？　後で調べるとカヤクグリという小鳥のようでした。ライチョウでなくちょっと残念。ここでは植物は低木のハイマツくらいしか見られなくて荒涼とした風景。植生の再生のために歩道をはずれないように、との注意看板がありました。

ホテル立山のロビーには、ホテルの海抜２４５０ｍ、平均気圧７６０ヘクトパスカルの表示がありました。ご飯などは圧力鍋でないとうまく炊けないのでしょうね。

計画では昼まで室堂にいるはずでしたが朝の散歩で行ったので9時過ぎに高原バスの乗り場に行きました。美女平の終点まで行きます。50分のバスの旅です。春には４ｍくらい？の雪の壁があるとか。

弥陀ヶ原、航空写真みたいにふもとの方がはるかかなたまで一望できます。樹齢千年だとかの立山杉を横に見て、称名滝は、バスが徐行してくれ、かなり遠かったですがズームで写せました。

七曲がり、紅葉がはじまっていてきれい！　ぶなの林も抜けました。

10時過ぎ、美女平からケーブルカーに乗ります。これもトンネルの中を下ります。立山駅に向かいます。途中すれ違ったらむこうはこれから観光に出かける人で満員でした。

立山駅では、旅行社からの切符は14時24分発の特急アルペン1号でしたが早く出たため10時28分発の寺田行き普通に乗車。寺田で乗り換えだそう。広々した富山平野は屋敷林に囲まれた民家が点在してのどかです。乗り換えの寺田へは11時過ぎに到着しました。今から宇奈月温泉に行っても早すぎるので、思い立って富山まで行くことに。昼食も富山ですることにしました。

電鉄富山駅に到着。コインロッカーに荷物を置いて富山を散策、夫は40年ぶりだとか。富山駅前には富山の薬売りの像が立っていました。

駅の観光案内で聞いて近くの美喜鮨本店へ。珍しいネタとしては、白エビとトビッコ。白エビは小さくて真っ白で、トビッコとともに軍艦巻きに仕立てていました。

その後お城まで路面電車で。200円。丸の内電停下車、城下町にはどこも丸の内と言う地名があるようですね。岡山にも。富山城は明治の大火で焼けたのだそうで、外観はお城、中は鉄筋コンクリートの博物館でした。一応天守閣の上まで行き、再び路面電車で駅まで戻り一服。

そしてまた電鉄富山から立山行き普通電車にのり、寺田で立山発宇奈月行きに乗り換えます。普通列車なのに車内に自販機が。道中が長いから？　普通電車で自販機は初めて見ました。寺田で乗り換えの時、結局立山駅からもともと乗るはずだった特急アルペンに乗ることになりました。

寺田は大変ひなびた駅でした。ここで富山から立山方面と宇奈月温泉方面の電車が交わります。寺田駅のホームで待っている間に熟年ご夫婦と知り合いました。方言になつかしさがあり「どちらから?」と聞いて東広島と判明。道理で岡山弁とよく似ている。「さっきの駅員さん、もうちょっと親切ならなあ」同感。これから宇奈月温泉に行きトロッコ列車に乗ったあとアルペンルートを目指すそうです。私たちと逆コース。ほのぼのとしたご夫婦。

特急アルペン1号に乗ると、途中の上田駅の線路は横V字型になっていて、頭から停車した後運転士さんが最後尾の車両に移動、逆方向に向き発車します。したがって座席の向きをくるりと反転。先ほどのご夫婦と顔を見合わせて笑いました。途中富山湾の日本海も魚津あたりで眺めながら宇奈月駅に15時56分着。

駅に翌日乗るトロッコ列車が止まっていました。旅館5つ合同の送迎バスが迎えにきていました。

宇奈月温泉は標高にすると300m程度で、紅葉にはまだまだのようでした。緑色の渓谷が部屋の窓から眺められる温泉旅館でした。

この日の歩数計は11,304歩でした。

## 秋の気まぐれ旅　その1　谷川岳ロープウエー、沼田リンゴ園、老神温泉

２００９年９月26日（土）

曇り空の倉敷駅を、予定より２本ばかり早い電車で出発。４泊５日の旅の始まりです。岡山からはのぞみ４号に乗り、東京駅の19番線に11時33分着。乗り換える上越新幹線は21番線と列車の車掌さんから教わっていたので迷うことなく、駅弁を買って11時52分発ＭＡＸたにがわ４０９号に乗り込みました。

上越新幹線は初めてでしたが、これが山陽新幹線では見たことのない２階建て車両の２階。ですがトイレに行くのが下の階のドアを開けて客席を通り抜けた向こうにあり、走る車内の階段は少々危なっかしい。それとその１階だと窓も少なそうだし、もともと高架を走る新幹線、２階だからといってそれほど景色に違いがあるとも思えませんでした。東京駅で１、０００円で買った駅弁「日本の味博覧」は、野菜の炊き合わせや黒ゴマ豆腐が入り、詰め合わせ方がとても手が込んでいておいしく、駅弁としてはこれまで食べた中でも秀逸の出来。「お品書き」まで入っていて、監修をしたのが東京サミットのときに総料理長を務めた板前さんだそうでした。

終点・越後湯沢の一つ手前の上毛高原駅で下車、駅レンタカーへ。そこでこれから観光する谷川岳ロープウエーと、老神《おいがみ》温泉への行き方を教わり、いざ出発。「この信号を左折すると道なりにまっすぐ」としか聞いていなかったので、とても遠く感じました。およそ20㎞、30分ほどの道のりでした。

谷川岳ロープウエーの駐車場は1階から入って5階までの自走方式、傾斜地のため6階がロープウエーの駅でした。

運賃は往復大人1人2,000円とちょっと高めですが、その標高差から考えると妥当なのかも。出発地点の標高は748m、天神平までを秒速4m、約10分だそうです。ゴンドラが駅の建物を出た瞬間はまあすごいスピードと思いましたが、上っていくときにはそれほどにも思えませんでした。それより、案内のアナウンスも音楽もない静かな運転で、7、8人の茨城あたりから来たらしい（筑波山あたりの山の話が出ていたので）方言でしゃべる中年男性のグループは、「なんだか寂しいな、観光案内とか音楽とかないの?」と言っていました。私もこの静寂が間が持てないと思ってしまったのは、現代人の悲しさなのでしょう。下界は少しだけ紅葉が始まっていました。

山頂の駅に着くと、そこからさらに2人乗りリフトが運行されており、往復大人1人700円。足元の山肌にはツワブキやオオバコの穂、それに礼文島で見かけた白い花。高山だから緯度の高い礼文島とおなじような花があるのでしょう。

リフトで降りた天神平駅の建物の上が展望台になっており、すぐ目の前が谷川岳。急峻な山が手に取るように近くで見えました。山頂に鳥居があり、驚いたことにそのあたりで一番高いところというのに、湧き水がありました。雪解け水が山すそに出る、というのではなくて、山頂なので不思議な泉でした。飲んでみると「やわらかい」と感じました。

下りのリフトは、足の下がはるか前方まで見えるので怖さが3倍くらい、途中には真っ赤なウルシの木の枝が印象的、スキー場の開場に向けて草刈をしている人の姿が3人ほど、ゲレンデの草地で見られました。冬が迫っています。

谷川岳ロープウエーからは宿の老神《おいがみ》温泉へ向かいました。途中、ラジオの地元ニュースで、沼田市のリンゴの収穫のことを言っていて、道筋にたくさんのリンゴ園、リンゴ園。青森リンゴと信州リンゴしか知らなかったので、目の前にたくさん見かけると、立ち寄りたくなり、1軒のリンゴ狩りと直売の店に寄ってみると「あかぎ」という品種がちょうど収穫期、群馬、「赤城の山も今宵かぎり」のあかぎだな、と納得。あとは「秋映え」と言う品種、早生品種から晩生まで収穫期は続くようです。採れたてリンゴは味が違う、と、家へ送ることにしました。

そんな寄り道をしていて、老神温泉の宿に到着したのは4時半過ぎでした。尾瀬のはるかふもとにあたる山の温泉宿。あたりは花の栽培・出荷をしているらしい農園が広がり谷川が流れる本当に静かな宿でした。

## 秋の気まぐれ旅　その2　谷川温泉~小布施~上高地

２００９年９月27日（日）

（尾瀬を歩いた話については前作に掲載しています）尾瀬の散策を終えて1時間半ほどかけて谷川温泉に到着。あいにく雨が降り出しましたが、尾瀬の散策のときでなくてよかった。水上温泉街からさらに上のほうに行った山の中の温泉場でした。

翌朝は、朝食が7時半からというのを急いでもらって7時20分からにしてもらい、またレンタカーで上毛高原駅へ。そこからは電車で。ＪＲとき３０８号で高崎へ。高崎からはＪＲあさま５０９号で長野まで。途中軽井沢駅では、深い霧がたちこめ、雨模様、カラフルな大きなリュックを背負って降りた団体の若者たちはがっかりした様子でした。

長野からは小布施を目指します。電車だと時間がかかると、タクシーに乗ったらそれが私たち世代の女性ドライバー。「長野は善光寺さん以外見所がなくてねえ、小布施はいい町ですよ、ただバス路線もなくてね、電車は回りこんで行くし」と色々話をしてこれが結構楽しかった。9月のシルバーウイークは書き入れ時だったのに高速料金が1、000円になったおかげで新幹線はすいているし、タクシーも上がったりだったそうでした。

「小布施の観光できるところに止めてください」と頼んでいたら、北斎館のあたりで下ろしてくれました。なにしろ時間が1時間少々しかないのにそれで観光といっても。おまけに小布施の紹介ページのある雑誌は長野駅のコインロッカーに預けたカバンの中。とりあえず葛飾北斎の絵を展示した北斎館へ。北斎は小布施の高井鴻山の招きで83歳から小布施に滞在したそうで、多くの肉筆画が展示されていました。2基の祭屋台の天井画の男波・女波の絵は「富嶽三十六景」に描かれたものにそっくり。これが86歳の作品とは驚きです。さらに驚いたことに、その額縁として描かれた部分に羽の生えたエンゼルがあったこと。南蛮屏風か何かで見たのでしょうか。

次はタクシーで聞いた、「日本のあかり館」。焚き火から油を灯心に浸して点けた火、たいまつ、行灯《あんどん》、提灯《ちょうちん》、ランプと発達してきたあかり。焚き火でも地面ではなくて石の火鉢状のもので燃やす台を作り工夫したり、油の入った皿に灯心を入れる方式でも行灯のようにさまざまに工夫を施したり、中には油が減ってくると空気圧を利用してネズミの口からぽたぽたと油が補給される仕組みのからくりのような全自動?給油システムの明かりも。信州では最初に起こした火が消えないように焚きつけの薄い木片「つけ木」の生産も盛んだったそうで、10㎝角くらいの薄い木片の先に硫黄分を付けたものだったようです。

お昼はそのすぐ向かい側、竹風堂小布施本店の2階で。柳行李に盛られた栗おこわの定食、1,050円。むかごのクルミ・ゴマで和えたのがめずらしく、わらび、ぜんまい、本しめじ、山竹の子、にんじんの煮物、味噌汁、香の物という素朴でヘルシーな献立です。店内もあんどん風の明かりがぶら下がり、和風の室内。

階下に下り、お土産に栗鹿の子を購入。そうしているうちに時間がなくなり、急いで信濃電鉄の小布施駅へ。歩道は木を輪切りにしたようなタイルが敷き詰められており、木のタイルと磁器タイルが組み合わされていました。そうだ、たぶんこれは栗の木のタイルではないか、と思いました。栗は硬くていいそうです。駅までの10分ほどの道でしたが、信用金庫も、新聞販売店も、カレー屋さんも、交番までも日本家屋になっており、町並みを保全しようとする意欲が感じられました。

小布施を後に、信濃電鉄で長野へ引き返しました。タクシーで聞いたとおり、40分くらいかかりました。

長野では、14時ちょうど発特急しなの16号で松本まで、松本で松本電鉄を待ち、終点の新島々まで。そこからバスで上高地へ向かいました。

バスの車窓は高い山、深い谷、上高地の帝国ホテル前のバス停で下車。雨の中を傘を差してとぼとぼと清水屋ホテルに向っていると、たまたま帝国ホテルの人の車が、そちら方面へ行くので、雨の中を歩く私たちを見つけて拾ってくれたのでした。車窓から梓川を見て再び上高地へ来られた感激に浸りながら、清水屋ホテルへ到着。

夕食はフランス料理のフルコースで6時から、というのであわててお風呂へ入りにいき、なんとか間に合いました。夜になっていて外の風景はガラスに反射して見えませんでしたが、自然のすぐそばでおいしいお料理をいただきました。ほとんどが熟年夫婦、または友人同士のようでした。

食後、お散歩でも、と思って玄関へ行くと、「大きな熊が出没しています。早朝・夜の散歩はお控えください」との看板。自然と共存しているんだなとまた感じました。それでは、とホテルの灯りを外から眺めるだけにとどめました。

## 秋の気まぐれ旅　その3　秘湯大牧温泉～高岡

２００９年９月29日（火）

上高地から高山まではバスで、高山バスセンターからはタクシーで白川郷へ向かい、さらに相倉《あいのくら》合掌集落の静かで落ち着いたところに魅力を感じつつ、庄川沿いに下っていきました。そして小牧の船着場に到着。タクシーはここまで。小牧の船着場は、以前「火曜サスペンス劇場」でも見たことがあり、他にも何度もテレビに出た人気の場所です。最終便の16時発に乗って出発。約30分で最後の秘湯というキャッチフレーズの大牧温泉に到着です。船の中から見る河岸の風景は、紅葉にはもう少し早いものの、寒くもなく気分のよいものでした。

船から見る大牧温泉は崖の上にせり出すような形で建物がへばりつくように建てられていて、おまけに夕もやがかかっていていかにも秘湯。どやどやと船内にいたお客が旅館に入りました。仲居さんに長い廊下を案内されながら見ると、まあ、来ている来ている、火曜サスペンスばかりでなく何度もドラマの舞台になったり、旅番組で取り上げられたりしていたので、有名人たちのサイン色紙やロケ風景の写真がいっぱい。温泉も食事も、もちろん川面の見えるお部屋でした。お風呂も大浴場、中浴場、露天風呂と男女それぞれにあるのでした。私は中浴場のほうが落ち着くように聞いていたので、そちらへ。川から見られる恐れはなく、ゆったりと入浴。

食事は個人客なので仕切りのある掘りごたつ形式の窓辺のテーブルで。建物が細長いので風景が全席から楽しめるのがよいところ。エメラルドグリーンの流れを見ながらの食事ができました。

翌朝、来たときとは違い、お客たちが出て行くのは同じ時刻の船とあって大勢。旅館のすぐ前に崖からの湧き水があり、それをくむ客、俳優さんたちも写していた、旅館の立て札の前で記念撮影する客などさまざま。専用船着場で待つと、朝も

大牧温泉

やの中からぼーっと船が近づいてくるのは、さながら水墨画の掛け軸のような風景。船に乗り込むと、来た時は私だけだった2階デッキに鈴なり状態で宿の建物の写真を撮る人多数。

船着場からは、そこが始発の高岡駅前までのバスに乗りました。車窓から見た風景では、南砺市の井波というところを通りかかると、なかなか風情のある町並みで、欄間《らんま》の彫刻の盛んな町らしく、車窓からは木彫りの店だの彫刻刀の店だの、欄干にも欄間のような彫刻がある橋だの、楽しませてもらいました。また、砺波平野の家々は北風を防ぐための立派な屋敷林に囲まれており、一人当たり住居面積が日本一と聞いたことがあるのもうなずけるなあと感じました。

高岡駅に到着。高岡は万葉歌人の大伴家持の赴任地だったため、駅前に家持の銅像が建っていました。そしてうろついていた商店街のお花屋さんのウインドーになにやら短冊様の張り紙が多数あると思ったら、家持の歌と、その解説が書き付けられたものでした。さすが。たまたま降り立った水曜日は商店街の定休日だったそうで、まばらに開いている店の中のおすし屋さんでお昼をいただき、古い古い地下街のコーヒーショップで時間をつぶして、特急サンダーバードで帰途に着きました。県境の、木曽義仲が牛の頭にたいまつをつけて奇襲したという倶利伽羅峠を、往時をしのびながら？　トンネルで通過し、旅の終わりを惜しみました。

## 岐阜県の旅　その1　うだつの上がる町、古今伝授の里、ポレポレハウス

２０１０年10月23日（土）

私は倉敷発8時11分、岡山を9時半ごろののぞみで、名古屋まで。岐阜県在住の同級生が、学生寮の仲間の同窓会を企画してくれ、16人が集まりました。

近畿方面の人は岐阜羽島でチャーターしてあった迎えのバスに乗って尾張一宮駅へ、私と関東方面からの人は、名古屋まで、乗り換えて在来線で尾張一宮まで行き、そこでバスの人と合流しました。

旅行のすべての計画を立てて取り仕切ってくれたのは、「つー」さん。会計担当の「サッチ」は、岐阜羽島からのバス代、食事代、入場料、宿泊費その他諸経費込み経費を概算してみんなから2万8千円なりを徴収。

最初は岐阜県美濃市の「うだつの町」で、名物「ひつまぶし」を、炭焼き「おぜ屋」さんでいただきました。焼くところからするようで、急に団体が入っても対応できないため、第1陣、第2陣と別れて入りました。おしゃべりしながら待っていると、おひつに入ったご飯が。ふたを開けるとつやつやのウナギのかば焼きがご飯に乗っていました。食べ方があるそうで、1杯目はおひつの鰻とご飯を混ぜて普通にお茶碗によそって。焼き立ての香ばしいうなぎ。そして

2杯目はさらしねぎを乗せて。3杯目は薬味を乗せておだしをかけてお茶漬けにして。3度楽しめるというわけ。お茶漬けってもったいないみたいでしたが、こうして食べる習わしだそうです。

おぜ屋から近いところに江戸時代から続く造り酒屋の小坂家がありました。むくり屋根が特徴です。「むくり」とは屋根のこう配がかまぼこ型にカーブしている作りのことで、まっすぐな屋根に比べると建築技法が難しいようです。私は同じような屋根を広島県の竹原市でも見かけたことがありましたが、凝ったつくりという事でしょうね。

のれんをくぐるとタイムスリップ……。黒光りするようなおくどにはお釜が掛っていて「熱いのでさわらないで」との貼り紙が。これまで多くの古民家を見学してきましたが現役で使われているおくどは初めて拝見しました。

それから「うだつの上がる町並み」として有名なこの町の「うだつ」を見学。うだつとは防火壁のことで、うだつが上がるというのはその家が栄えていることの象徴だったようです。

通りには「紙遊」という紙屋さん。和紙や和紙を使った楽しい小物類がいっぱい。

うだつの上がる町並みは東西に2本あるので、そのもう一つの通りへも行きました。

背の高い大扉の建物はお祭りの屋台の倉庫のようでした。和紙の繊維を糸にして作った布製品を売るお店もあり、ピンクのウエディングドレスが目を引きました。和紙の繊維はとても丈夫でしなやかで保温性に優れているそうです。私はここで夫のソックスを購入。

美濃市を後にまたバスに乗ってしばらく行くと、湧水のおいしい造り酒屋さんに立ち寄り、お水をペットボトルにいただき、なにやら袋に入ったのをバスに積み込んだと思ったら、おいしい奈良漬けでした。この後紙コップに湧水を入れて試飲。それから奈良漬けの試食。よかったら買ってね、とのことでバスに積み込んだのはその奈良漬けでした。

次に立ち寄ったのは、郡上八幡の少し北、岐阜県郡上市大和町の「古今伝授の里　フィールドミュージアム」の池のほとりに建つレストラン「ももちどり」。木材をふんだんに使った素敵な店内で、みんなで席に着いたのは大木を横にして根っこのところまで装飾につかったすごいテーブル。長さが10メートルくらいもあったでしょうか。お菓子は幹事の「つー」さんがこの上のほうの茶店に頼んでわざわざ配達してもらった栗のおはぎだそう。初めて、栗のおはぎ。

外に出て、スタッフの方の説明を聞きました。ここは1221年承久の乱の戦功により下総の国から来た東《とう》氏によって11代320年余り治められたそうです。東氏は代々歌道に優れ、9代常縁《つねより》は傑出した歌人で歌学者で、「古今集」研究の第一人者で、連歌師・宗祇にその奥義を伝授したことで知られ、「古今伝授」の祖と言われているそうです。

レストラン「ももちどり」の上のほうにある茶店まで歩いてみました。ここからの眺めはまた素晴らしかったです。

次は高山市清美町の絵本美術館「ポレポレハウス」へ。バスを降りると、かわいらしい看板の脇を通って山道をしばらく歩きます。素敵な洋風の建物出現。こんな山の中に。敷地に近づくと、ヤギが繋がれているのが見えました。ヤギを見るのもずいぶんなかったことでした。玄関を入ると、絵本作家田島征三さんの絵本原画がギャラリーでは展示されていました。どこかで見たことがあるような作風。ヤギのお母さんのお話でした。ヤギのシリーズが出ているそうです。

ここの館長さんご夫妻は「紙芝居文化の会」という活動もしていらっしゃるそうです。紙芝居は「舞台」に入れてすること、扉の開き方は右、上、左とすると引っ掛からなくてうまくいくそうです。「参加型」の紙芝居を奥さんが、物語型の紙芝居をご主人が演じてくれました。荒唐無稽、奇想天外なグリム童話みたいなお話で楽しませていただきました。

続いて絵本の読み聞かせ、この長良川の絵本はながーく続いていて、部屋いっぱいにみんなでぐるりと取り囲むようにして開いて行きました。そして手話つきの歌をみんなで教わりました。自然を大切にしようという趣旨の歌でした。

それから香りのよい紅茶をいただき、雑貨を見せてもらったり買ったり。楽しい時間でした。

## 岐阜県の旅　その2　森の宿OAK HILLS、高山、せせらぎ街道、郡上八幡

２０１０年10月23日（土）

岐阜県の旅の続きです。

高山市の郊外の山の中の細い道、バスの運転手さんがベテランだったので道幅ぎりぎりでしたが6時50分ごろ無事到着。秋の日はとっぷり暮れていました。あたりは暗くてよく見えません。宿泊の「オークビレッジ」のレストランでまず夕食。入り口そばには、木工製品が展示されていました。

木の香ただようレストランはテーブルに黒のランチョンマット。ワインで乾杯。ハーフコースの一皿目はスモークサーモンとサニーレタス。次のローストポークはここで作られたらしい木のお皿に乗って。パンまたはライス。かぼちゃのポタージュ。メインはカラフルにしめじ、インゲン、アスパラ、赤パプリカなどで飾られたお肉。デザートはシフォンケーキとアイスクリーム、それにコーヒーまたは紅茶でした。おいしかったです。

お宿は一棟を借り切って予約してくれていました。オバサンの16人団体には最適の泊まり方かも。2階の部屋は6畳間と3畳間がつながっていて9畳間。私はここで5人で寝ました。1階には床の間つき14畳の広間と、台所に続く8畳間、お風呂場などがありました。お風呂場は普通の家庭風呂で2人がせいぜいだったので、宴会?の合間に2人ずつ順番に入りました。碧山邸《へきざんてい》といい、この地に木工の里を開いた最初の建物だそうです（この建物は２０１０年で閉店）。

一夜明けて、散歩がてら昨夜のレストランまで食事に降りて行きました。朝食はバイキング方式。野菜サラダ、カリカリベーコンにウインナー、ヨーグルト、コーヒーにパン2種類。おいしくてモリモリ食べました。

宿泊棟とレストランとの間にあった工房は、9時からの開店だったのですが、幹事さんが頼んで少し早く開けてもらいました。積み木や子供用のイスと机のセット、家具まで。それに小物のところでは、木鈴《もくりん》という、イチイとかホオ、ナラなどなど12種類の木で作られたかわいらしいしずく型の鈴があり、木の組織の密度によって音の違いがあること、色がそれぞれに違ってくることなど製作者の方から興味深いお話をしていただきました。お土産に2個買いました。

中庭に面してアウトレットのお店もあり、少しお安い品も展示。紐を引くとうねうねとうねりながら進むイモムシのおもちゃには動きの面白さに目が点でした。

工房見学後はバスに乗って高山観光に行きました。バスを降り歩き出して左手、飛騨国分寺境内には見たこともないほど立派な大銀杏の大木がありましたがまだ葉は緑、黄葉していたらさぞかし、と見上げました。鍛冶橋を渡りかかるとこちら側が「手長」、向こう側には「足長」の彫刻があり、グロテスクな中にユーモラスな姿。膨らんだおなかはみんなが触るのかぴかぴか。

川べりの宮川朝市には人がいっぱい。私たちは陣屋の朝市に行くことにしていたので通過。古い町並みを散策。とはいえ、はぐれると困ると、あまり単独行動もできず。それに人、人、人。予想以上に観光客が多くてびっくり。

夫と来たときにも入った味噌屋さんの味噌汁の試飲。こういうのはうれしい。古い町並みの一本を通り抜け、赤い橋（中橋）を渡った向こうが陣屋です。陣屋の朝市では、野菜や漬物、民芸品のお人形「さるぼぼ」、とれたてのジョナゴールド、秋映《あきばえ》、シナノスイート、など多種類のリンゴなど。私はここでリンゴを買って家に送りました。

次は飛騨美術館に向かいました。学芸員さんに説明をお願いしました。入ってすぐの広間には一番大きな展示物、かつてパリのシャンゼリゼ通りにあったという噴水です。改装の時に行方不明になり、農家の納屋で発見されたそうです。少しの時間水を流して見せてくれました。展示室にはガレほかの美術品のガラス作品が多数展示されていました。写真撮影はフラッシュをたかなければＯＫというのが珍しい。

すてきな中庭の見える渡り廊下を通って、家具の展示室へ移動。優雅な曲線美の家具を置いたお部屋のモデル。お金持ちになった気分を味わわせていただきました。

高山からは「せせらぎ街道」をバスで下って行きました。途中の「そば処清見庵」でおそばの昼食、を考えていたそうですが、団体なので時間が、ということでお弁当に。「なるべく地元の食材を取り入れて」と注文してくれていて、ずいきだとか湯葉だとか硬いお豆腐だとかそのほかいろいろで楽しくいただきました。

また、「助さ」というお店のおばあさんが焼く五平餅が最高だから、と、携帯でバスが立ち寄る時間を見計らって、「1人ずつにトレーをつけて」、と細かく注文してくれました。おかげで郷土色豊かなおやつをおいしくいただきました。

時間にゆとりができたので、予定外に郡上八幡の見物もすることができました。「郡上踊り」という名前以外はよく知らなかったのですが、水のきれいな町でした。街中のいたるところに水飲み場がありました。「いがわ小路」という水路に沿って歩きました。すてきな生活の中の水路です。水を利用しての藍染の店があり、藍染のこいのぼりも展示されていて初めて見ました。また、「宗祇水《そうぎすい》」という案内板があり、行ってみると湧水を階段状に飲み水から洗濯場まで順々に仕切って利用するようにしてある古い水場でした。「この通りで郡上踊りがあるのよ」という説明がありました。郡上踊りのモニュメントも設置してあり、徹夜踊りもあるなどその時期には熱気に包まれるようです。

こうして予定外に郡上八幡見物も終え帰途についたのでした。「つー」さんからの各所での細かな心遣いには感謝でいっぱいです。

# 近畿地方篇

北野異人館

竹田城址

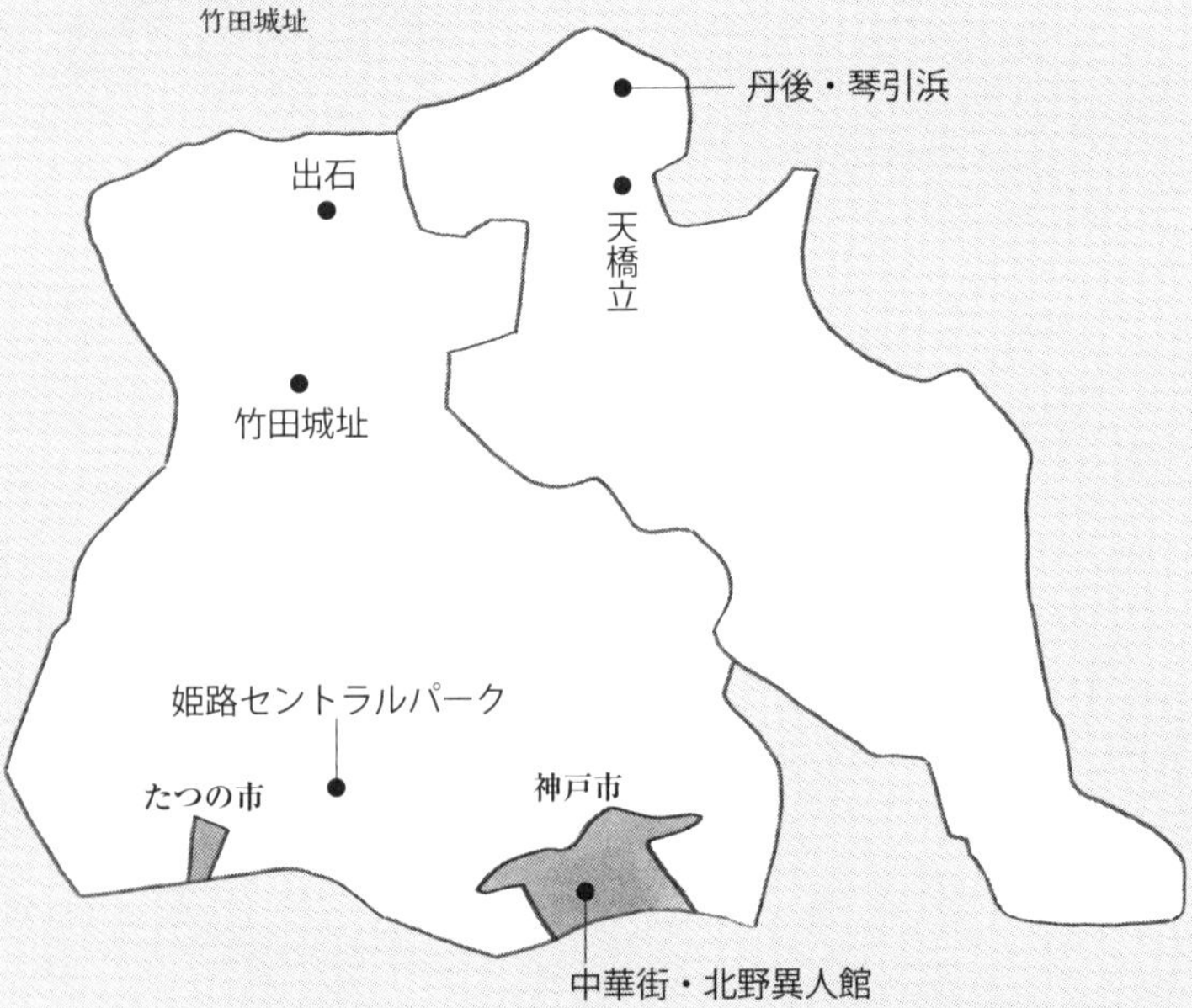

## 神戸の中華街と北野異人館街を行く

2006年2月5日（日）

思いついて新幹線で神戸へ遊びに行ってきました。交通費および食事代は夫のポケットマネーから。家計に響かないのでついていくのも気楽。

ＪＲ元町の駅は、その坂下に中華街があるので、プラットホームに下りるとすぐにいいにおい。なんかすごい数のガードマンが出ていました。後で知ると、「春節」のお祭り騒ぎで、すごい人出でした。

店先にはおいしそうな点心を中心とした品が山盛りで湯気を立てていて、あっちでもこっちでも容器に入れてもらって食べながら歩いていて、食堂へ入るよりそっちのほうがここのスタイルらしい。我らもシューマイとか中華風ハンバーガーとかをあちこちで食べながら東へと歩いて行きました。

東西に長い中華街の真ん中の広場ではにぎやかに何かイベントをやっていたけど、二人とも背が低いので頭しか見えず、通過。しかしこの広場の西に、日本で最初に豚まんを売り出したという、いつも行列の有名店「老祥記」があったのだそうで、とっても残念、知らなかったんだもの。

シティループというレトロな外観の循環観光バスで北野異人館街へ。フランス館?だったかには、ベビーベッドと木馬のおもちゃがありました。異国での子育て、西洋人にとっては大変だったことでしょう。寝室にはベッド、リビングルームにはティーセットが載ったアンティークのテーブルや椅子など、昔の家具調度が置いてあって、映画を見るようでした。

厨房には、日本の古い民家とはまったく異質の、お菓子の焼き型だの、ストーブだの。華やかな表舞台もいいですが、そういった台所の様子にも主婦としてはちょっと興味がありました。

「風見鶏の館」は、肝心の風見鶏が直角に向いて写真が撮れずに残念。

最後の「うろこの館」あたりからは駆け足で、徒歩10分ちょっとの新神戸駅に行き、新幹線で帰ってきました。意外と近い神戸でした。

## JRの「ぐるりんパスKOBE」で神戸を歩く

2007年5月2日（水）

ちょうど「ハートランド倉敷」のイベントが始まる5月2日朝、神戸へ遊びに行きました。

JR倉敷駅のみどりの窓口のそばのパンフレット置き場に「ぐるりんパスKOBE」のパンフ

レットを見つけ、往復の新幹線と観光施設入場券とシティーループバスが割引というので、それを購入。２人で２５，２８０円。

新神戸駅の精算所で割引券のセットされた案内パンフレットと交換してもらい、早速駅前からシティループバスに乗車。車内では黒・白・グレーのしゃれた配色のワンピースを着た若い女性車掌さんから１日乗車券を６５０円のところを割引の６００円で購入。１回２５０円のところをこの日３回乗車しましたから、お得でした。バスは満席、立ったのは私たちだけでしたがどんどん混みあってきて、「元町１丁目」のバス停で降りるまでにはギューギューづめでした。

女子大生らしい７、８人の一団と共に降りると、「きゃー、南京街やわー」と彼女ら、道路越しにいっせいに携帯を構えて撮影。

ゴールデンウイークとあって、この日もまた若い人が大変多く、皆店先で売っている点心を食べながら歩いています。私たちも串に刺したにら饅頭３個２００円をおいしそうなので食べ、次いで日本で最初に豚まんを売り出したという老舗の「老祥記」に行ってみましたが、整理のガードマンが出ているほどすごい行列で、道を隔てた広場に続き20ｍくらい。最後尾に着こうとする私を、せっかちな夫はとんでもない、とそばのお店へ。中国服を着たウエイトレスさんに「相席お願いします」と、大きな丸テーブルに案内され、３組の相席。コースは２，５００円くらいのがありましたが、量が多そうだったので、単品の中華丼にしました。意外に座れたのは、若い人たちは路上で食べられるものをつまみ食いして済ませているからかな？

南京町を南門から出て、港の方角へ歩きました。見上げるばかりでまだ行ったことがなかったポートタワーを目指しました。ポートタワー、2階につく階段を登ると、券がいり、券は1階で買うというのでまた降りて、エレベーターは2階から乗ると言うのでまた引き返す一幕も。展望台はさすが見晴らしがよく、話に聞いたメリケンパークが眼下に。この日はカレンダーの上では平日のため遠足の学校が多かったようで、何組も子どもたちの塊が見えました。また、ハーバーランドのビル群、白い観光船、海賊船を模した船、新神戸方面など、何度もぐるぐる回って景色を見ました。

見下ろしていた「モザイク」というショッピングモールまで歩き、ぶらぶら。若者が多数アイスクリームなどを食べながら歩いていました。

そしてまたシティーループのバス乗り場から北野異人館方面へ。この日は休日コースで運行しており、乗り場がわからず少しうろうろしました。やってきたバスはすでに立っている人でいっぱい。車掌さんは落ち着いて「中までお詰めください」など的確に指示。若いのによどみなく乗客への指示やら切符販売の案内やら、たいしたものです。道筋のガイドもあり、「震災が起こった時刻でとまっているメモリアルの時計」の案内、震災で壊れ、リニューアルオープンしたNHK神戸放送局の案内。北野、というのは平清盛による福原遷都のときに移築した北野天満宮にちなんでいるそうです。およそ1年だけですが都がここにあったのです。

北野異人館のバス停では、乗る人も降りる人もたくさん。昨年来たときに「うろこの家」「英国館」「旧パナマ領事館」など9館セットで見ていたので、「香りの家オランダ館」・「ウィーン・オーストリアの家」・「デンマーク館」の3館を見ることに。細くて急な坂道を山の上のほうまで登りました。

受付で3館1,700円のところ、割引券があったので1,040円に。デンマーク館ではバイキングのことについての展示を楽しみ、アンデルセンについてのビデオ鑑賞、アンデルセンは倉敷チボリ公園でおなじみ。

オーストリア館ではモーツァルトの生まれた部屋の再現やら、優美な衣装の展示。ここの庭の赤いテーブルセットで、100%ぶどうジュースで一服。チロル地方の衣装を着た従業員さんが可愛い。

歩き疲れ、新神戸駅までやはりシティーループバスに乗りました。バス停で待っている人が大勢でしたが何とか乗れ、この日3回目の乗車で元も取れました。神戸みやげは駅で買った

「神戸プリン」。疲れたけど楽しんだ神戸でした。

## 日帰りバス旅行、天橋立は雨

２００7年7月21日（土）

曇時々雨（現地）。最高気温予想は28℃（現地）。行きつけの薬局のサービスカードの日帰りバス旅行が当選、この日行ってきました。

行程は、倉敷駅北口８時05分発、三木サービスエリア（休憩）、西宮の白金工房（ジュエリー卸、彫金）、福知山温泉・ホテルロイヤルヒル福知山午後1時↓天橋立・傘松公園（ケーブルカー¥５００）、天橋立海産センター、三木サービスエリア（休憩）、倉敷駅北口午後９時着。倉敷駅北口のチボリ公園（当時）の見えるデッキに集合。夫の分と土曜日の割増料金、１２，３５０円を車内で支払い。37名の乗車。

５分遅れの出発。チボリ公園を左に見て、倉敷インターから山陽道へ。最初のトイレ休憩は三木サービスエリア。「姫路の塩味大福」が1個売りで１２６円とあったので腹持ちもよさそうと、1個食べて、名物の明石焼きがあるのに気づき、こちらは８個５８０円で4個ずつ半分こ。焼くのに10分くらいかかります。

最初の目的地、宝石・彫金の卸会社・白金工房への道中では、4問、4択のクイズ用紙に記入、全問正解だと素敵なプレゼントがもらえるというけれど意外に難しい問題で苦戦。西宮北インターで一般道へ。白金工房に到着。

最初のホールでは大きな1トンもあるようなアメジストの輪切りにした原石やら、皇太子ご夫妻が山梨の本社を訪問したときに出迎えている社長の写真だとかを拝見。次いで説明ルームへ。車内クイズの問題の答えが発表され、全問正解は37名のうちたったの2名。賞品は宝石？のついたキーホルダー。全員におみやげとしてタイガーアイの石のプレゼント。

そして、社長が結婚10周年のときに奥さんに作って贈ったというダイヤの指輪の説明。主婦のために、引っ掛かりがないデザインだそう。

次は彼女の首元につけていたトルマリンと金を組み合わせた、ネックレスの説明。つけていると健康効果があるとのことで上手なセールストークでした。

ついで職人さんたちのいる工房を通り、2階の展示・販売エリアへ。彫金やら大きな貝殻を最大限利用したカメオの作品やら。説明のあったダイヤの「社長リング」やトルマリンのネックレスやらいろいろ、ここまでのこれでもかというムードの盛り上げに乗せられて商談成立もあちこちであった模様。

そしておみやげに磁気ブレスレットやかわいい置物や石を使った絵などの展示、1階は全員にくれたおみやげ石をペンダントと交換してくれるコーナーや色とりどりの石のコーナーなどのお手ごろ価格の品。ずいぶん目の保養。

この宝石工房がこういうことで旅行のスポンサーになっているのかな、と思いました。ここは12時10分出発。

福知山のホテルロイヤルヒル福知山には予定通り1時の到着、昼食と温泉に入るための休憩は2時45分まで。昼食は丸テーブルでの会食で、同じバスの人たちと初めてまともに顔を合わせました。ご当地の名物の黒豆の入った黒豆ご飯、山掛けそば、黒豆豆腐ができる小さな鍋、しし汁などもついていました。しし汁はこんにゃく、ごぼうと肉の入った赤出汁で、いのししの肉だということに気づかなかった人も。生姜が乗った冷たい茶碗蒸しやたくさんの品数、なかなかの内容。

次いで温泉へ。ぬる目の温度でゆったり入れ、露天風呂の一角には今はやりの岩盤浴か、平らな石に湯が流れる上に、マグロみたいに横になっていた6人ほど、ちょうど枕になるように石があり、気持ちよさそう、でも待っていてもスペースが空きそうになかったのであきらめて出てきました。

30分くらい時間があり、喫茶スペースでお茶。無料券は入浴または喫茶ということになっていたのでお茶のほうは有料。

そして出発、霧雨のような雨が途中で降りだしました。ふもとの元伊勢籠《この》神社の前の駐車場に到着。ガイドさんの案内で鎌倉時代のものという狛犬の説明や伊勢神宮の元となったというお宮の説明などを受け、往復５００円のケーブルカーで傘松公園へ。山へ登る半分くらいまでは天橋立の影はぼんやりと見えていたのですが、山頂の有名なまたくぐりの場所までついてみると、一面真っ白。なんにも見えませんでした。ガイドさんが絵を見ながら、「こんなことはめったにないんですがね、あのあたりに天に向かう橋のように見える地形が」との説明。あーあ。

ケーブルカーでの降りがけ、少し見えるくらいでした。ケーブルカーの駅のすぐそば、土産物を選ぶ人に、めかぶ茶のサービスあり。さらに下っていくと、黒豆と小豆の入ったソフトクリームを発見、食べながら、先ほどの神社の境内の水琴窟の音を楽しんでからバスに戻りました。

そこから5分くらいのところに、天橋立海産センターがあり、5時から5時25分までお土産のお買い物。バスを降りると同時に竹のお箸が配られ、かに足が1本入ったかに汁のサービス。熱いのをフーフー言いながら食べ、バスの中で割引料金のチラシがあったので注文しておいたお土産品を受け取るという能率のよいシステム。注文を一度に受けてもさばききれないお店の知恵かな。

海の幸いっぱいのお土産選びも終了、後は一気に午前の休憩地、三木サービスエリアまで、三木では午後7時8分〜7時30分の休憩。帰着午後9時というので、ここで夕食のお弁当などを各自購入したりお店で食べたりしたようです。私たちもお寿司を購入し車内で食べました。日帰りの長いバスの旅は、ちょうど午後9時、チボリ公園から上がる花火を見ての到着となり、折しも倉敷天領祭りで浴衣姿の大勢の人の中に降りたのでした。

## 神戸へ、暑いドライブ

２００７年８月18日（土）

前々日に日本記録の40・９℃が出たという暑さの中、神戸へドライブしました。甥っ子の結婚式場の下見のためです。

カーナビによると行程は１７３㎞、９時18分出発での予定到着時刻は11時55分。本番では11時20分までに着かなければなりません。

10時33分、三木サービスエリア着、トイレ休憩と水分補給。こちらでは場所がら阪神タイガースグッズも売っています。建物の前に、なにやらジェットエンジンみたいな機械から霧状のものが出ていました。細かな霧を噴出してあたりを冷やす機械だそうで。前に行くと確かに涼しい。霧でしっとりとぬれますがすぐ乾きました。後日この機械が、岡山駅の山陽・伯備線のホームや、動物園で白熊エリアを涼しくするのに導入されているとの報道に触れ、なるほどと納得。

三田インターで高速を降り、３、７００円。あとはこまごまと有料道路があり、不案内な私にはよくわからないのですが、六甲山有料道路が２５０円、トンネル手前までが１００円。

六甲山トンネルは、アルプス越えのトンネルを連想しました。さすが、思ったよりずっと長いトンネルでした。トンネルを越えると、向こうに神戸の海がはるかに見えました。
目指すは東灘区の「ザ・ガーデンオリエンタル・蘇州園」。
阪急御影駅から北へ行ったところの、元は個人のお屋敷だったところのようです。

カーナビを頼りに、東灘区の阪急御影駅の近くへ。線路をくぐり、北へ、消防署の横を通るとかなり狭い道。そしてその右手、うっそうと茂った森のような庭園を持つお屋敷が目指す会場で、駐車場はそこから約100m上がったところにあるとの表示が。1軒の家で、裏側が100m離れたところだって。狭い坂を上っていくと、ちょうど旅館倉敷の裏手みたいな感じの門があり、番をする人がいて、わけを話すと駐車場へ入れてくれました。

奥のほうにチャペルがあって、おりしもこれから結婚式があるらしく、タキシードの花婿さんとウエディングドレスの花嫁が。こんなに暑いお盆の直後の時期でも結婚式を挙げるなんて昔では考えられない……お邪魔しては、と、早々に退散。式の参加者らしい黒の夏服を着た人数人とすれ違いました。

御影駅ではトイレを借りられず、コンビニで用を足してから、六甲道へ。かつて震災の時には大きな被害があったと聞くその通りは、あれから十年以上たち、まったくその影響は残っているように見えませんでした。

そして三宮へ。夫もそれほど神戸にくわしいわけでもなく、しかも車では、とりあえず駐車場を見つけて止めると、そこが後で知るとダイエーのあるビルで、サンシティというところでした。そうとも知らず、うろうろしていると、チラシ配りの人に「中華バイキング　太陽楼」のチラシをもらいました。１、０００円のところ９００円になると言う……で、早速横のエレベーターで9階のレストラン街へ行き、中華バイキングにありつくことに。前菜類やら点心やらデザートやらをお値打ち価格でたらふく、どっさり。

駐車料金は30分３００円、街の中なのでこんなものでしょう。

で、今度は阪神高速経由で帰途に着きました。自宅まで１４７㎞、３、８００円とカーナビによる情報。

しかし、余りにも暑いし、往復運転の夫もくたびれて、龍野西サービスエリアの木陰を選んで昼寝……をしようとしていたら、倉敷ナンバーの車と見て、後ろのほうの車から声をかけてくる人が。真っ黒に日焼けして、「ここから瀬戸大橋まではどのくらいかかりますか？」。聞けば、埼玉から松山まで行く途中なのだとか。お盆休暇の続きなのかな？

そんな休憩の後に、やっと倉敷近辺まで帰ってくると、今度はトンネルの中で、荷台の下中央部辺りから派手に火花を散らしながら走行中の、車を乗せたキャリーカーを発見。あれ、どこかで火を噴くなんてことはないのかしら？　かといってどこへ連絡すれば？　とあせっているうちに夫はさっさと追い越してしまいました。

その後どうなったことやら……。

暑さに少々参った（夫が）神戸へのドライブでした。

## 姫路セントラルパーク

２００７年10月28日（日）

最高気温予想は21℃、気持ちのよい秋晴れの日。そろそろ紅葉前線？　と調べましたが、まだのよう。ということで、意外と行っていなかったサファリパークへ行くことになりました。倉敷からの行程は１１３㎞、高速道路利用で倉敷インターから姫路東インターまで片道２，８００円。

姫路セントラルパークは、東に遊園地、西にサファリパークのある広大な敷地でした。ゲートの前には3列で車の列。入場料金は大人１人２，９００円、小学生１，７００円、幼児１，０００円。料金を払うと、音声ガイドの小型受信機をくれました。ゆっくり進んでいくと、「窓は全部閉める」「車からは降りない」などの注意書きがあり、ちょっと緊張。

何かの作業中だったと後で知りましたが、ゲート前で10分以上待たされて、やっと開門。いきなり猛獣のエリアでした。最初は猛獣で緊張し、あとでなごみ系の草食獣や小動物を配置するという演出。所々に飼育職員の乗ったゼブラ模様のジープが走り回り、高い管理棟もあって見下ろしていました。

ライオンやトラなどがゆったりと寝そべる間をゆっくり車は進みます。肉食獣が終わると背の高いゲートが2重になっていて、次は草食獣。コルクの栓抜きみたいな形のらせんの角がある動物やら、弓なりの角のオリックス？の群れがいたり、かと思えばヤクみたいな動物が車の前まで歩いてきたり。確かにここはサファリパーク。

車で行くドライブスルーサファリの終盤はカバにサイ、象、キリンなどの大型草食獣。そこを過ぎると駐車スペースがあって、車から降りました。

軽食のできる丘の上の施設に行ってみると、お弁当持参で食べている人が半分くらい。入場料金が高いし、ここの軽食も結構高い。うどん1杯640円、お揚げとかまぼこ、揚げ玉。讃岐うどんだと結構いろんなトッピングが乗ってそうな料金ですが。

食べ終えてまずはチャイルズファームというエリアに行き、小型動物と子どもたちが直接触れ合えるエリアへ。羊やヤギ、アヒル、ウサギ、など。幼児を連れた親子連れが一杯。（熟年夫婦はほとんどいない。）高い料金を払っても、1度くらいはこんな動物園、ではなく動物と遊べる施設につれてきたいと思うのは親心というもの。子どもの姿を盛んに写真に写していました。

そこを抜け、ウオーキングサファリの表示に沿って歩いていくと、最初は大きな深い谷のようなところの上に柵があり、見下ろすと、エゾヒグマのエリア。ここの熊は観光客にアピールして立ち上がるのもいる。えさが1セット200円くらいで各エリアに置かれていて、いい収入源となっている模様。お客がえさを買っては熊に投げると、ぱくっと口で器用にダイレクトキャッチするのもいました。

熊の次はサル山があり、40匹以上いるそうですが、そこを見下ろしながら次へ。ホワイトタイガーもいて、のっそりと寝そべっていました。そして高いケージの中に入るとフラミンゴ、カンムリヅル、ワオキツネザル、インコやら。アメリカの大平原にいたと何かの番組で見たプレーリードッグは地面にたくさんの穴をあけて暮らしている様子がよくわかりました。地面が穴だらけ。

ライオンの展示館では、傍らにライオンの展示時間が書かれており、「勤務表」みたいでライオンにも休憩・食事?・時間が設けてあるのが興味深かったです。

また、「調理室」というのがあり、窓辺では若い女性職員がキウイやリンゴなどを容器に切り分けていました。「何のえさですか?」と聞くと、それはサルや小鳥のものだそうでした。

終盤は先ほど見たキリンや象と触れ合えてえさがやれるという場所でした。キリンは高知の「のいち動物公園」でも高いところからえさをやれるのを見たことがあったけれど、象さんに金網越しではありますがあれほど近くになったのは初めてでした。泥を浴びて泥だらけの象さんが、子どもたちの目の前に来ました。

ウオーキングサファリで最後まで行くと、3連のロープウエーであっという間にもとの駐車場脇まで戻ることができました。高い入場料ではありましたが、これらの多数の珍しい動物たちを管理することを思うと、納得できるようなものでした。

## 兵庫県たつの市　町並み散策

2008年9月7日（日）

午前9時50分ごろ出発、目的地は兵庫県たつの市（2005年10月1日に龍野市、揖保郡新宮町・揖保川町・御津町が合併して誕生した。自治体名は「たつの」であるが、歴史的固有地名は「龍野」、駅名は「本竜野」・「竜野」である）。行程は約90㎞、そのうち高速道路が83・7㎞、2，300円。

龍野に行くのは4，5回目です。

さて、今回は、やっぱり「霞城館《かじょうかん》」から出発。龍野ゆかりの哲学者三木清、「赤とんぼ」の作詞で有名な詩人三木露風ら4氏に関する文献や資料が展示されています。今回は三木清が一高へ行きながら西田幾多郎の講演を聞いて心酔し、東大ではなく京大へ進学をした点が印象に残りました。

矢野勘治記念館は、矢野勘治氏の旧宅らしく、懐かしい感じがします。矢野勘治という人は、一高の寮歌「ああ玉杯に花受けて」の作詞をした人なのだそうです。同級生に吉田茂氏がいて、資料にはその吉田茂から贈られた書もありました。

龍野の町歩きは倉敷と違い食べものやさんがほとんどないのが困るところです。今回も以前行った「エデンの東」で食事をしました。道、間違ってないかな?と不安になっていたところに、倉敷美観地区と同じように町並み保存の補助が出てきれいになったらしいお店発見。昔からの店主の実家を改装してお店にしているそうです。今回はほかにお客はなくて、貸切状態。ミック

たつの市町歩き

スピザ800円、きのこと鶏のクリームスパゲティ700円、飲み物は100円引き。格子のある窓から外を見るのがとてもいい感じ。

このお店に置いてあった商店街のミニコミ紙「川西商店会店舗探訪　創刊号」の記事、「よこた」のアナゴの押し寿司の「とろっとしたコクと旨みの凝縮されたタレがたまらない」と、とてもおいしそうだったので、これはぜひ見てみたい、お土産にしよう、と思い立ち、てくてくマップを頼りに行って見ることにしました。

住宅地の細い道を通っていくと、バスステーションの広場の横の目立つ建物がそれでした。店内1階はテーブル2つだけのお店と、奥に仕出しのための広い調理場、2階にお座敷があるらしい。カウンター奥のオニイサンに持ち帰り用を頼んで作ってもらいました。一人前740円。

夕食に食べた感想では、このつややかな真っ黒いたれ、見かけは辛そうですが甘めでとろとろで、もう、とーってもおいしかったです。間に海苔がはさんでありました。

「よこた」から商店街のほうへ行くと、側溝のふたも三木露風のふるさととあって赤とんぼ。「かどめ　ふれあい館」では、トイレを借り、町の成り立ちなどの説明のビデオを土間の椅子にかけて見せてもらいました。土間奥から風が吹き通って、クーラーいらず。

途中、「あかとんぼこうばん」という看板があるのがなんだかとても親しみやすい感じ。

うすくち醤油資料館の土産物。ちょっとだけのぞいて、館内には入らずに歩いていたら、突然ばらばらと大雨が降りだしました。あわてて雨宿りに資料館へ。ほんの10分くらいでしたが、すごい雨。倉敷でも同じように短時間、豪雨が降ったらしい。雨宿りをする間、入館料10円という醤油資料館の内部を見学しました。昔の醤油作りの道具や工程の説明がありました。

最後に寄ったのは「春光園」。「みやげ物」という看板に、行きがけにはここでお土産を買うつもりだったのですが、あなごの押し寿司が手に入ったので、店内でアイスクリームを食べながら休憩することにしました。もとはお茶屋さんみたいですが、ブリキのおもちゃなど懐かしいものがいっぱい。小さなベンチに腰掛けて食べながら見ると、店主は奥の部屋でパソコンの画面を見ていました……。表のレトロな感じとはちょっと違って。

醤油資料館で座ってビデオを見ていた人たち以外には道で観光客に出会うことはほとんどなく、とても静かな町歩きでした。

## たつの市の古い町並みを歩く

2010年6月27日（日）

兵庫県たつの市を歩きました。倉敷からの行程は約91㎞、うち有料区間約84㎞でしたが、2，300円のところ1，000円にETC割引（当時）がありました。

以前何度か止めたことのある、霞城館《かじょうかん》西側のたつの市観光駐車場は穴場的なところで、この日も先客は4台ほどでした。そこから歩き始めると、「ああ玉杯に花うけて」という一高寮歌の作詞をした矢野勘治の生家や、赤とんぼの詩を書いた三木露風などの展示のある霞城館があるのですが、以前行ったので、今回は横を流れる十文字川に沿って下ってみることにしました。おりしも梅雨の大雨の翌日だったので、水量も増してさらさらというよりはごうごう、ドードーといった感じで流れていました。蒸し暑い日だったので涼やか。両側は城下町らしい士族の流れか、あるいは醤油やそうめん製造で財を成した人の家か、お屋敷が並んでいます。大きな大きなクスノキのある場所などは明らかに周囲よりは何度か涼しく感じました。しばらく行くと「梅玉」という料理旅館。そろそろお昼でしたが、高級そうな構えにちょっともったいないかな、と歩を進めました。揖保川に突き当たる一つ手前の筋に曲がると、そこは昔の下町か、格子のある家々、ちょっと倉敷に似てなくもない静かな通り。車もめったに通りません。四つ角から揖保川に出ると、神社があり、トイレを見つけてお世話になりました。見れば観光駐車場。こっちのほうが街歩きには近かったかもしれません。ふと見れば、土手の構造がめずらしいものだという表示。なんでも景色を楽しめ、土手下の家々が立ち退かなくてもよいようにと、普段は枠の間が空いていて景色が見え、いざと言う時には枠に畳をはめ込むと、畳は水分を吸って膨らんで壁になってくれると言うものだそうです。

ずっと川沿いに歩くと、アナゴの押し寿司を買ったことのあるお寿司屋「よこた」の横を通り、また町の中へ。このあたりは下町で、さびたトタン板で囲われたお宅もあって、庶民的な町並み。お寺のある角を曲がると、雰囲気のあるカフェレストラン「エデンの東」の前に出ます。ここは自宅を改造してお店にしてある、雰囲気のあるところですが、ここも何度も来ているのでカット。ついで淡口醤油資料館の脇を通り、もとの駐車場へ。腹ペコだあ、と、最初の料理旅館「梅玉」に行こうかとも思ったのですが、国民宿舎「赤とんぼ荘」ならレストランがあるわ、と行ってみることに。ところが、山にさしかかると、一方通行の道の左側にずらーりと駐車している列。なにごとかイベントでもあるのか、ずっとずっと続いていて、もちろん国民宿舎の駐車場は満車。あきらめて下りの一方通行の道へと行くと、そこは遊歩道くらいの幅しかなく、左側は谷、おそるおそる夫の運転、後ろには続く車が来るので引き返すことも止まることもできず、冷や汗物でした。

山にさしかかるところに「お食事処さくら路」という和風の建物があったので、そこへ入りました。ところが、思うことは同じ、国民宿舎を目指していた人らしいのが先客にも大勢いて、かなり待ちました。そして出てきた2色そうめん、650円。「あいにく今日はご飯もの出てしまってもうないんですよ」とお店の人が言うはず、私でも物足りない。おそうめんだけでは、ねえ……。ということで、名物しょうゆせんべいを購入し、かじりながら帰途に着きました。

## 北近畿の旅　その1　竹田城址　出石

2012年5月12日（土）

この時は夫と、ではなく40代から60代後半までの男女9人の小さい団体で1泊旅行をしてきました。同じ小学校区の民生委員たちです。積立をしてきていたのを使っての親睦旅行でした。左に1人用、右に2人用のシートのある小さいバスでした。

室町時代に造営されたらしい竹田城址の見学には、並川さんというガイドについていただきました。竹田城と言うと、「荒城の月」の歌の大分県かと思いきや、兵庫県の山の中にも「日本のマチュピチュ」と称される城跡があったのは知りませんでした。駐車場から城跡まで徒歩約20分。

山腹の何カ所かに「竪堀《たてぼり》」があり、攻めてくる敵を攻撃するための物だったようです。弓矢の矢の材料の矢竹が生えています。

石垣は、熊本城と同じそりを持った城壁です。安土城などの石垣を組んだことで有名な「穴太衆《あのう》」による石組みだそうです。

小高い山の頂の風景はなるほどあのマチュピチュを思わせるような石垣の連続でした。城壁の死角を無くするために随所に五角形の張り出しが作られていて朝鮮式の物とか聞きました。

マチュピチュと言われる理由は、土地が冷えて温かい川からの湿り気を含んだ空気がまじりあう時期、この山が霧に包まれる幻想的な風景ができるからでもあるそうです。

お昼はちょっと遅くなりましたが、「出石そば」でした。わんこそばみたいに、平たいお皿に少しずつ盛っています。最初はワサビとネギで、あとは山芋だとか卵だとか色々な薬味でどうぞ、ということでした。卵はちょっと失敗でしたが、男性は5枚、女性は1~3枚のお代わりをしていただきました。あとでそば湯が出てきたときに卵汁になっていたので少し残っていたのを捨てて改めてつゆをそば湯で割って飲みました。

町の通りにはこの出石の町のシンボル、辰鼓楼《しんころう》が建っていました。明治4年（1872年）、旧三の丸大手門脇の櫓台に造られたそうで、明治14年に大時計が寄贈されてからは時計台として親しまれているそうです。

町を歩いていると、赤い壁の土蔵が珍しくて、「何だろう」と辿っていくと、酒屋さんがありました。出石酒造の酒蔵です。現在も地酒「楽々鶴」を販売しているそうです。

宮本武蔵に剣の道を諭したという沢庵和尚が再興したことから沢庵寺とも言われている宗鏡寺は、代々の出石城主の菩提寺でもあるそうです。

その後、かばん製造で有名な豊岡に行く予定だったので鞄《かばん》団地で鞄のショッピング……のつもりでしたが、出石の駐車場そばに鞄の店があり、そっちの方がよかったわあ、残念、と言っていた人もいました。

夕日ヶ浦の夕日は……雲が出ていたのでうまく見ることができませんでした。日没は6時50分過ぎごろでした。

## 北近畿の旅　その2　丹後

2012年5月13日（日）

宿を8時半に出発、鳴き砂で有名な琴引浜に行きました。（私的には、琴「引き」ではなく

て「弾き」ではないの？　と思いますが）

「鳴き砂」を鳴らすには、はだしが最適とのこと、1人2人とはだしになりました。また、すりあしで砂の上をあるくこと、手でもむように動かしても鳴るそうです。海が冬の荒波で洗われてきれいになっている3月ごろから今頃が一番鳴りやすいのだそう。ガイドさんの説明では、すりあわされることにより石英の小さな粒が振動することで鳴るのだそうです。

浜の左手の「太鼓浜」は、上からたたくと太鼓のような響きがあることから名づけられたのだそうですが、先日の大風で砂が波にさらわれて岩盤があらわになり、太鼓の効果が出なくなったとのことです。

キャンプサイトの隅に温泉があるというので行ってみると、時間制でパイプから引き込むようで、ガイドさんが気を利かせてバルブを開けて下さったらその瞬間「きゃー」。勢いが余ってお湯が噴き出て、服を濡らした人がいました。42℃の入りごろの温度でした。

海岸線に沿ってバスは進みました。「舟屋」で有名な集落の伊根に着きました。

小高い道の駅でしばらく休憩。ここで事件がありました。たまたまアイスもなかを買って食べていた人が、半分ほど食べて持っていたところを、後ろからザーッとおそわれて、「わしづかみ」ならぬ「トンビづかみ」にされ持っていかれてしまいました。琴引き浜では温泉の湯を浴びた人で、またも「キャー」。2m後ろを歩いていた仲間の男性が、「耳のすぐ横をさーっと通り過ぎたと思ったらつかんでいった」とのこと。油断できません。体の横に手をもって行っていたのが狙われたのでしょう。

遊覧船で湾内を一周しました。100円でえびせんを売っていて、カモメにやることができ、カモメたちもよく知っていて低空飛行して餌を取りに来ます。

船からこの地方特有の「舟屋」の建物群がよく見えました。昭和の初めごろまでは船を仕舞うための納屋みたいなものだったのが、次第に2階ができて住むようになっていったのだそうです。潮の干満の差が少ないことと波が穏やかな海だからこその建物です。私は独身時代の職員旅行でこの舟屋の民宿に泊まったことがあるのをなつかしく思い出しました。

伊根を後にし、天の橋立では、上の方にロープウエイで登らずに、文殊様をお祭りしたお寺、天橋山智恩寺を見学。

さらに、船着き場にジェームズ・ボンドが乗りそうな、とがってスマートなモーターボートがあり、9人ちょうど乗れるとのことなので、全員で乗ることになりました。いざ乗ってみると私は最後尾の席に着いたため、風当たりは強いし、水はすぐそばだし、落ちたらどうしようとちょっと怖い思いをしました。そして、やっぱり天の橋立は上の方から見ないと……、と思われた海岸線でした。出入りの時に赤い橋の下をくぐるのですが、土台が回転できるようになっています。そして、帰ってきてから5分後にたまたま、その橋を動かす時間がありました。

珍しい風景が見られてラッキーな出来事でした。

最後にバスに戻る前におやつに丹波の黒豆の黒豆ソフトを食べました。黒豆といっても煮豆みたいな黒豆ではなくて黄味がかったのに黒い点々。よく考えたら黒豆と言っても大豆をつぶしたのは「きなこ」。黒い点々が皮なのでしょうか。ここではさすがにトンビを警戒して、パラソルの下で食べました。

こじんまりした団体での一泊旅行、楽しく過ごしてきました。帰宅後の夕食は、宿を出たあと寄った土産物屋さんで買った「焼きさば寿司」、三木SAで買った神戸のギョーザと豚まんが加わりました。夫に「焼き（！）さば寿司」と言っていたのにいわゆるバッテラと思われていました。数年前の朝ドラ「ちりとてちん」で福井の小浜の焼きさばが出ていましたが、このサバ寿司も焼いたサバでした。

# 四国地方篇

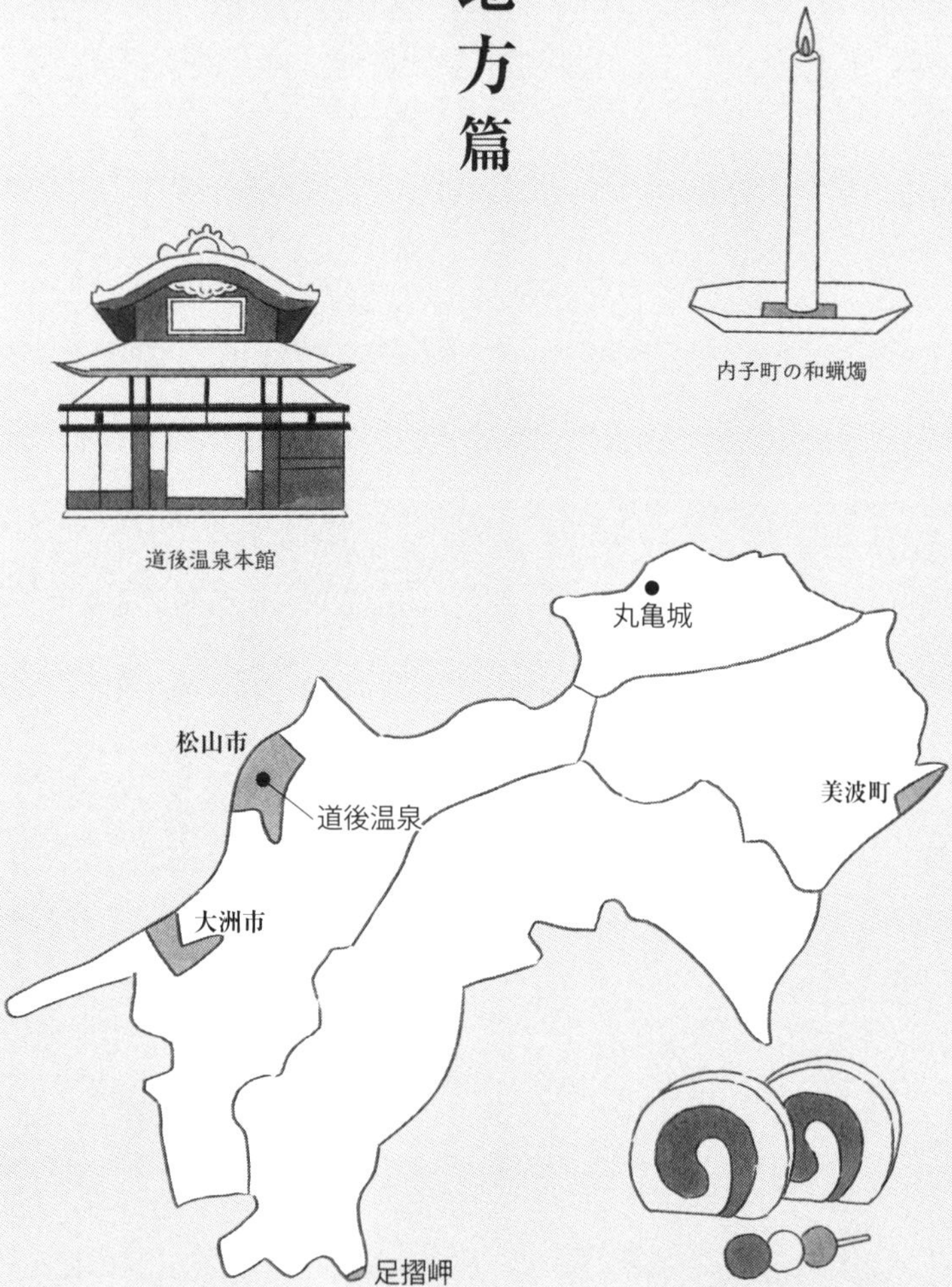



道後温泉本館

内子町の和蝋燭

松山のタルトと坊っちゃん団子

## 義経の赤い鎧　しまなみ海道の大三島、生口島

２００６年２月11日（土）

大河ドラマ「義経」はもう終わってしまいました（２００４～２００５年）が、義経役のタッキーこと滝沢秀明が着けていたあの赤い鎧は、しまなみ海道・大三島の大山祇《おおやまずみ》神社にあるものをモデルに作られたというのを聞いていて、ぜひ見たいものだと思っていました。

大山祇神社の宝物館３階の中央のガラスケースにそれはありました。照明が弱いのと、８２１年の歳月で赤い糸も茶色っぽくくすんでいましたが、小さな鉄片（札《さね》）を一つ一つつづり合わせた赤い糸の細工やら、胴にある菊の花のような染付け模様、後ろの赤い紐の結び目など、前から後ろから、しっかりとそれを身につけたであろう義経様を想像しながら拝見しました。

近くには兄頼朝奉納の紺色の鎧も。

自宅を9時半頃出発、１００㎞あまりの行程で、しまなみ海道の美しい海を眺めて多々羅大橋を渡り、大三島インターからさらに15分くらい走るとお昼前となりました。神社の門前にあった「お食事処　大漁」というお店に入りました。右手のドアを入るとすぐお盆があり、お

刺身250円、ブリのカマの塩焼き、ブリ大根、クエの煮付け、肉料理やほうれん草の卵とじなどがずらりと並び、漬物と生野菜はタダ。ご飯150円、味噌汁80円。好きなものを好きなだけ取れて献立を自分で作れるところなんて、学食みたいで好きです。ブリ大根がこっくりした味でおいしかったです。

大山祇神社には樹齢2600年と伝えられる、神々しいほどに巨大な幹回りの、いかにも風雪を乗り越えてきたようなごつごつした様子の天然記念物の楠が正面に鎮座しており、この神社の歴史がそれだけでも証明されているかのようでした。

帰りには生口島の平山郁夫美術館へ。日本画家平山郁夫氏は、この生口島の生まれで、幼少期の「梅檀は双葉より芳し」の言葉通りの上手な絵だとか、さらに中東の遺跡を訪ねた足跡もよくわかるような展示もあって、興味をシルクロードへと広げていった様子が分かりました。

このあたりはかんきつ類の生産が盛んで、まあ、こんなに種類があったなんて。清見、安政柑、ポンカン、はるか、みかん(これは普通の温州ミカンのことか)、レモン、かがやき、はるみ、紅八朔、ネーブル、八朔。お店の軒下にあったポップから。知らないものも多数あります。

かんきつ類を入れたアイスやシャーベット、道の駅にはみかんクッキーやらひじきクッキーも。耕三寺の門前近くの「ドルチェ」というジェラート屋さん。寒かったけど、デコポンと、レモンのジェラートをいただき、この地の味を味わいました。

## 波音とどろく足摺岬に立って

２００６年２月25日（土）

バスツアーで足摺岬に行ってきました。往復でなんと７００㎞！　東京への片道分に相当するそうです。倉敷出発は朝７時半。８時過ぎ、瀬戸大橋を渡りました。高いところから見る瀬戸内海はやっぱりながめがすばらしい。お客の30人はみんな50代以上、中には80代くらいとお見受けする人も。

高知県に入ると、道の駅「かわうその里すさき」で休憩。名前から、須崎は日本カワウソが目撃された最後の地だと聞いたことがあるのを思い出しました。

太平洋を左に見てはるか行く手にようやく足摺岬の影が見えてきました。本当に、長い長い行程。お尻が痛くなりました。でも、マイカーと違い、寝たり起きたり、景色を見たりガイドさんのガイドを聞いたりと勝手にできるのがありがたい。岬がはるかかなたに見えているのですが、ここに来るまでが長かったし、ここからでも１時間以上かかりました。

清流四万十川、向こうに見えるのは菜の花畑。もう咲いています。旧中村市と西土佐村が、合併によって四万十市になったそうで、合併の期日は平成17年（２００５年）４月10日と、四万十にかこつけたそうです。

昼食はホテル足摺園にて。ホテルのロビーには、東に向かって見晴しのよい岬だからでしょう、「明日の日の出6時40分」との大きな文字の表示が出ていました。さえぎるものもない太平洋の日の出はさぞかし雄大な事でしょう。

このあたりは四国自然歩道の一部になっていて、「椿とビローのみち」という、足摺岬に至る海岸コースだそうです。

足摺岬の遊歩道の入り口には、この地から出た有名人、ジョン万次郎の銅像が、桂浜に立つ坂本龍馬像のような感じに立っていました。午後2時25分、足摺岬の展望台に立ちました。灯台の根元のところが四国最南端の場所。火曜日のサスペンスではないですが、自殺の名所だったところだそうです。「ちょっと待て」と書かれた看板があったそうですが、今は頑丈な柵ができています。

岬のその突端から下を見てみました。こわーい。波がとどろくようにすごい地響きで打ち寄せています。この岬の高さ、打ち寄せる荒波、この地響きを体感したくて往復７００㎞の道をやってきたのだと納得する思い。岬の遊歩道には風に耐えて曲がりくねった幹の椿の群落がまるでトンネルのように茂っていました。二月のことで花はわずかしか咲いてなくて、足元にタンポポが少し咲いていました。

このあたりには「足摺七不思議」という看板があちこちにあり、「地獄の穴」「弘法大師の爪磨き石」「亀呼場」「大師一夜建立ならずの華表（とりい）」「ゆるぎ石」など、いわれを見て歩くのも面白い物がありました。「地獄の穴」の説明によると、「この穴に銭を落とすとチリンチリンと音がして落ちていく。その穴は金剛福寺の本堂のすぐ下まで通じているといわれます」との事。

その金剛福寺を見学しました。四国八十八カ所の三十八番札所。札所の間が一番長い距離だそうで、三十七番札所岩本寺からは90㎞、次の三十九番札所延光寺までは60㎞もあるそうです。歩き遍路だと大変そうですが、お遍路姿の人が何人もお参りしているのを見かけました。「平成大修理のため敷石の御寄進をお願い致します（一枚一〇〇〇円也）合掌」と書かれ、平たい石が置かれたコーナーもありました。

バスが出発、午後4時過ぎ「アカメ館」というお土産屋さんで休憩。特産品はウナギ、ゴリ、青ノリ、川エビだそうです。四万十の青ノリの小瓶を買いました。車窓からは、暖かい高知のことで黄色い菜の花畑が見えました。

薄暗くなって、途中の道の駅でお弁当を。倉敷帰着は午後8時半頃のことでした。

## 松山の繁華街「大街道」に倉敷ゆかりの……

2006年3月22日（水）

日帰りドライブで松山へ行ってきました。夜には合唱の練習があったので、片道3時間かけて行き滞在は2時間ほど。

松山一の繁華街、「大街道」を歩きました。すると、なんと「労研饅頭《まんとう》」という看板を発見！！　亡くなった舅が、よくおやつに買っていたもの。

倉敷の大原孫三郎が、自社の女子工員の健康のためにと立ち上げた「労働科学研究所」が考案した安くて栄養のある素朴なおやつ。昔舅が買っていたのは、餡の入らない黒豆が1個入った素朴なものでしたが、ここのは外側もレーズン、バター、チーズ、うずら豆、黒大豆、ヨモギ、ココアと多種類、あんも白あん、かぼちゃあん、いもあん、つぶあん、こしあん、よもぎつぶあん、よもぎこしあん、あん入り1個84円。倉敷発祥のおやつが松山でこんな風に発展しているとは、驚きでした。

また、倉敷発祥といえば、倉敷中央病院の遠藤先生が考案した青汁、「青汁の元祖は遠藤青汁」とのぼりのかかげられた青汁とフルーツのドリンクバーも発見。

昼ごはんは三越の南隣の「銀次郎」という凝った内装の和食の店。1階に小川が流れていました。お造り定食、初めに手作り豆腐がざるに乗って出てきました。ぶり大根、お造りはイカ、(イクラ)、ハマチ、鯛。胡麻和え(菜の花?)、アサリの味噌汁はおだしが出てとってもおいしかった。1,260円税込み。

王ジャパンの決勝戦の日で、街頭のテレビに群がる人々がいました。

お城に上っていくリフトから見下ろした足元には、もう緋寒桜が咲いていました。城門の前には、明治時代の警官と女学生の扮装のボランティア?が待機していて、写真を撮ってくれて、マドンナは一緒に写ってくれました。天守閣は工事中。お抹茶をいただくと、坊ちゃん団子とハタダのタルトが付いて出ました(松山のタルトとは、洋菓子のタルトとは違い、ロールケーキ状の物で、中には柚子の香りのこしあんが巻き込まれている物)。

ちなみに私は父の勤務地だったため昔小さいころに松山に住んでいて、母はタルトはハタダとか一六ではなくて断然老舗の「六時屋」をひいきにしていました。柚子の香りが豊かで。余談ですが、息子さんが松山に居たという知人の話によると、道後温泉の商店街にある六時屋のお店で売っている金時のカキ氷、それはそれはおいしくて甘党でないご主人でもあそこのならいける、と言って食べるそうです。

## 高知の日曜市とお城、一豊の妻の銅像

２００６年６月18日（日）

高知へ行ってきました。高知市の中央公園地下駐車場に車を止め、昼だったので、商店街に入ってお店を探しました。通りをまっすぐ行って右に曲がったところにある「司」という土佐料理の店を選びました。たたき和定食１、８００円です。店員さんは和服で応対。

大通りにそって日曜市のテントが延々と続きます。農家のおばあちゃん達が、自家生産の農産物などを売っています。この季節はかんきつ類の「小夏」やショウガ、青梅、ラッキョウの皮をきれいにむいたの、花や苗、植木、それに土佐刃物、海産物の乾物、手作りの衣類や小物類などなど。

高知城のふもとにやってきました。土佐藩主山内一豊の騎馬像、国宝高知城の大手門とはるかに天守閣が望めます。

「板垣死すとも自由は死せず」の板垣退助像もありました。

おりしも大河ドラマの「功名が辻」が放映されている山内一豊の妻と名馬の像。（２００６

年1月から放映、主演は仲間由紀恵、上川隆也）この馬、とても足が太いと夫が言うのですが、甲冑をつけた武士を乗せるんでは、丈夫な足が要ったのよ、と私。昔だからサラブレッドがいたわけでなし、たぶん農耕馬に近い種類だったのでは？

お城のふもとでは、「土佐二十四万石博」が平成18年（２００６年）４月１日から19年１月８日まで開催中。大河ドラマ館ではＮＨＫ大河ドラマ「功名が辻」の撮影で使用した鎧や衣装を展示しています。大人１人５００円。時間がなく残念ながら私たちは行けませんでした。

## うみがめの来る海岸　徳島県美波町日和佐

２００６年９月９日（土）

行ってきました。行程は片道１８５㎞。９時過ぎ出発で香川の津田の松原サービスエリアで10時20分頃休憩。午後１時ごろ向こうに到着。くたびれた～。

実は、子供が小さい頃に家族５人で１泊旅行をしたのが四国の地図で言うと右下にある牟岐《むぎ》町という漁師町。サーフィンをする人がいたり、途中の日和佐にはウミガメの産卵で有名な大浜があったり。サザエを網で焼く海鮮焼きを食べさせてくれる民宿に泊まり、貧しいながらもよい時代だったのを夫がなつかしがったものでしょう。

昼食。阿南市の火力発電所の南の「ベイサイドホテル龍宮」にて。合わせて5、565円。

大アサリの焼き物、イカとウニの刺身定食（×2）。

阿南市の南に、2006年3月に合併して美波町となりましたが、昔は由岐町と日和佐町と言っていた町があります。日和佐町の大浜海岸は、ウミガメの産卵地として有名です。太平洋の荒波がとどろいていました。

近くの日和佐うみがめ博物館（現在名・うみがめ博物館カレッタ）では、ウミガメの色々な展示と、生きたウミガメが飼育されるプールがあります。

めざすなつかしい牟岐町への道はすごい断崖が続いています。

崖ぞいの道からもしや名所の千羽海崖のほうへ行くのかと降りてみると……。

行き止まりの海岸でした。でも左手に滝があり、なかなかの絶景でした。

帰途、那賀川沿いの道の駅公方にて……名産の豊水梨、12個1、900円、鳴門金時2kg 1、380円。

アザラシのナカちゃんが話題になっていた所。大玉の梨1個158円。安い。

徳島市の吉野川を渡り……瀬戸大橋を渡って帰りました。

# 愛媛県砥部町と道後の温泉街

2008年6月7日（土）

比較的朝早めに起きたので、メルマガ連載記事「くみぴょんのモバイルランチ」で五つ星だった、愛媛県の砥部焼き観光センターにある「Ｊｙｕｔａｒｏ（ジュタロウ）」というお店に行ってみようと思い立ちました。松山近郊に住む友達も絶賛していたもので、その人にあわよくば会えるかも、という期待と共に……10時40分出発、行程は約１７４㎞、高速料金は７，５５０円の予定。

あいにくの曇り空でしたが、風は３ｍ、瀬戸の海は凪《な》いでいました。香川県内の松山道はコンクリートの高架ではなく土盛り、のどかで車の通行台数も少なくのんびり走れます。坂出インター通過３，８５０円、愛媛に入ると山が迫り、四国の山は険しいなあと思いつつ、松山インターで３，４５０円（ＥＴＣ）。

砥部町に入り、「陶器館」とある建物の駐車場に入ってみたけれど、レストランらしいのがありません。聞いてみると２㎞ほど先にあるという。砥部焼きの展示場も１カ所ではなくていろいろあるのでした。

言われたとおり行って左手にあった観光センターに入ってみると、奥のほうになるほど、茶色の山小屋風の屋根の建物がそれでした。11時25分ごろのことで、ランチは11時から、入ってみるとすでに先客が1組いました。

吹き抜けの店内は明るくて、テーブルが8つ。感じのよいお姉さんがひざまずいてご飯は白いのかひじきご飯か、メインはスズキとアスパラのベーコン巻き、徳島産「あわおどり」(地鶏)の唐揚げ、などからどれか、デザートは、食後のドリンクは? と聞かれました。コースの料金内なら「ヘルシー豆乳抹茶ムース」、200円~300円増しでケーキ色々。

くみぴょんさんが星5つと評価し、私の友達もまた行きたいといっていた通り、器といい、お料理の取り合わせとか味とか、とても好ましくていい感じ。これで1,380円。12時10分には満席となりさらに2組待つ人が出ました。


満足して、隣の砥部焼きを見に。子供が幼い頃のママ友が砥部焼きに凝っていたのでこのぽってりとした白い焼き物は知っていましたが、少々お高い……。でも考えた末に楕円で少し深さのあるお皿を絵変わりで6枚と、箸置き(実はスプーン置きということだったが)と、私の記念品に丸いイヤリングを購入。

そしてレストランの隣の売店で、ご当地ソフトの「いよかんソフト」280円で試食。


次は……内子町の内子座という芝居小屋も見たかったのですが、帰り道からすると反対方向なので、帰り道の途中にもなる道後温泉へ行ってみることに。道後温泉には1時50分着。30分100円というコインの駐車場に止め、あたりを散策。道後温泉本館はさすがに歴史を感じる風格が漂っています。あの宮崎アニメの「千と千尋の神隠し」もちょっと連想するかも。

次いで商店街へ。すぐとっつきのところに、タルトの「一六」の喫茶みたいなのが工事中でした。ウインドウショッピングをしながら奥へ歩くと、一六と同業の老舗、「六時屋」があったので私はこちらでタルトを購入。あんこにゆずの香りのする、和風ロールケーキなのですが、松山に住んでいた幼い時代にはこちらが老舗と心得ていたもので。

数年前に来て鰹縞《かつおじま》の伊予がすりのワンピースを買ったお店はローソンに替わっていてちょっとがっかり。

道後駅前には車で通過したときにはかわいらしい坊ちゃん列車があったので、展示品だと思って見に行ったら、本物で、動いていなくなっていました。代わりにマドンナバスという観光用のバスが止まっていましたが。

駅前広場？　にはからくり時計と、その横には赤い日傘の下に足湯。しかしベンチは8人座るといっぱいで、すでに満席、残念。空きそうもなかったのでした。一人のお遍路さんが歩いていきました。それで、四国だなあと実感。

帰途、夫が松山インターから高速に乗るのを勘違いして乗りそこない、一般道を峠越えする羽目に。四国の山は高く谷は深く、はるか遠くの高いところを高速道路がトンネルで山を貫いて走るのを見上げつつ、長い距離を走りました。やっと小松インターから高速に乗り、早島インターまででしたので、帰りの高速料金は６、５２４円（ＥＴＣ利用）。

## ＥＴＣ割引で道後温泉へ

2009年3月21日（土）

ＥＴＣ割引で瀬戸大橋の通行料金が１、０００円になるそうなので、夫が「道後温泉へ行こう」と言い、朝８時過ぎ出発。片道約１８０㎞を３時間ほどで。松山道は土手ののどかな道なのがうれしい。石鎚山サービスエリアで休憩すると、ピンクの桜？の花が満開できれいでした。外のテントでは多種類のかんきつ類を売っていたので、先日から、中の袋は皮ごと食べられて甘いデコポンが気に入っていたので、５つ３００円で購入。お土産品には温泉の道具を入れるかごにお菓子をセットにしたものも。

早島インターから松山インターまで３、３００円。

道後に到着すると、20分１００円のコイン駐車場に空きがあり駐車。さっそく道後温泉本館へ。築１１０年という風格のある三層の建物は記念撮影ポイントで、様々な人が携帯やカメラを向けたり写してもらったり。

入浴は6時から22時、料金は上から大人で１、５００円、１、２００円、８００円、４００円。１、５００円の「霊《たま》の湯三階個室」は霊の湯入浴と3階個室での休憩と皇室専用又新殿の観覧、浴衣とタオルレンタルと、坊ちゃん団子と輪島塗の天目台に乗った砥部焼きのお湯のみでお茶が出るそうです。１、２００円の「霊の湯2階席」は広間で休憩、又新殿拝観、浴衣とタオルレンタル、煎餅と天目台に乗ったお茶。８００円の「神の湯二階席」では大広間の休憩と浴衣、タオルレンタル、お茶とお煎餅。４００円の「神の湯階下」は入浴のみ、石鹸つきタオルレンタルは60円、記念に買取は２１０円。私達は一番お安い４００円で。浴室に入るとおよそ30人くらいが入浴中で、蛇口回りもほぼいっぱい。両側に紐をつけたたわしで背中をこするおばあさんは常連らしい。若い観光客らしいグループは一塊になって湯船の中。湯船は庵治石という。真ん中に、後で知った「大国主命が重病の少彦名命《すくなひこなのみこと》を入浴させたところ快癒し、玉の石の上で舞った」という故事にちなんで二つの石像、台座の周囲には漢詩が彫り付けられていました。台座から四方に流れ出すお湯。やや熱めではありましたが、石の浴槽はつるつるすべる事もなく、せっかくなのでなるべくゆっくり浸かりました。

脱衣室で服を着ながら、地元らしい人が、今年は砥部焼き祭と温泉祭が一緒になってこの日はめったにないほど混んでいるとのことでした。

廊下に出ると、「坊ちゃん」の四度の映画化のときの写真やキャストのリストが掲示されていました。俳優さんたちの名前に時代を感じました。私が見たことのあるのは１９６６（昭和

41）年のもの。坊ちゃんは坂本九、校長・古賀政男、マドンナ・加賀まりこ、うらなり・大村崑という配役でした。
その後、狭くて急な階段を3階まで上がり、突き当たりの部屋が、漱石が気に入って利用していたという、「坊ちゃんの間」でした。6畳間で、すぐ下が建物正面、見晴らしがいい。漱石はこの建物が建った明治27年の翌年に松山中学に赴任してきたそうで、新築早々の新しい建物だった事でしょう。

入浴でぽかぽかした体で商店街をぶらぶら。入ってすぐのところに「一六」のタルトがすぐ食べられるお店を出していました。松山名物のタルトの老舗は何と言っても「六時屋」と、母から教えられた私は思っているのですが。商店街の少し奥の曲がったところ。伊予がすりや、松山名産の姫だるまを置いているお店も。

また温泉本館へ引き返すと、人力車の上に角隠しの花嫁、花婿が乗って登場、親類の人もいたので結婚式当日らしく、一緒に記念撮影をしていて、ほほえましくて、シーズンだなあと思いました。

食事はその近くの「おいでん家《か》」。私達が入るとすぐ満席になり、待ち切れなさそうな人はあきらめて帰っていました。この日は潮汁がセットの釜飯セット950円はやっていなくて、「三津の朝市・日替わり定食」1，100円を頼みました。メインはお刺身かブリのカマの塩焼きから選び、汁物は味噌汁かうどんを選ぶのでした。

帰りは今治の海岸線をドライブしてからしまなみ海道を通って。瀬戸大橋は鉄道と自動車道の併用の2階建てですが、こちらは脇に歩道があるため、自転車で走る人が通り過ぎ、春だなあと思わされました。行程の約半分の瀬戸田サービスエリアで休憩。海の見えるサービスエリア、なかなかよい感じ。

倉敷インターに帰り、帰りの高速料金は、行きの3、300円に対して1、800円でした。

## 愛媛県大洲市　肱川のほとり

2009年8月23日（日）

大洲というと、1966年のNHKの朝の連続ドラマ「おはなはん」の出身地として登場した町でした。

大洲までの行程は倉敷の我が家から217㎞、9時半出発。高速料金はETC割引により、瀬戸大橋部分が1、000円、松山道部分が1、000円。

11時、石鎚山サービスエリアで休憩。ここはかんきつ類が屋外で売られているのを狙って行きました。もうシーズン終わりで皮はしわしわでしたが、見かけは悪くても味は保証、という宇和ゴールドという種類を1袋たった300円で購入。あと、ぶどうは昔からの種類のキャンベルを自宅用に200円で。これまた安い。そのほか、本くずで作った葛餅を購入。

大洲市の観光客のための「大洲まちの駅あさもや」。12時少し過ぎ、ここに車を止め、観光イラストマップを入手。そして売店で、ブログで見かけたうなぎの店を知りたくて聞いてみたら、徒歩約10分くらいの道を教えてくれました。

静かな住宅街の中です。「川魚料理・うなぎ　なかつか」の入り口はまことにそっけなくて厨房のほうが手前にあるので、「ここでいいの?」という感じでしたが……。川風が心地よい素敵なお座敷でした。うなぎを注文すると、注文があってから割くのだそうで、しばらく待たされましたが、ここなら昼寝してても気持ちいいなあと、川を眺めながら休憩。

たぶん、ここで取れた天然うなぎでは?　うなぎ2分の1匹と肝吸いとお漬物で1,500円。お漬物もおいしくて、量もこのくらいがちょうどいい。日頃たんぱく質をやたらと盛り上げてサービスと思っているお店も多いけれど。

うなぎを1匹焼いておいてもらうことにしてお店を後にして、海岸沿いの山を越えて「臥龍山荘」へ。右手の長い土塀がその敷地でした。

門をくぐり、右上に母屋がありました。木蝋などの商売で財を成した家の別荘のようで、桂離宮に品物を納めた職人に作らせた欄間だとか釘だとかふすまの引き手だとかが使われていました。「おはなはん」（NHK連続テレビ小説　1966年4月から放送、主演は樫山文枝）の町らしくヒロインを演じた樫山文枝さんの声で説明が流れていました。その中の一つ「霞月《かげつ》の間」という8畳のお座敷は、床の間の壁に開いた丸窓の障子の奥は仏間になっていて、そのろうそくが丸窓をほんのり明るく照らし、床の間の違い棚が春霞を表す意匠で、春霞の上に月が出る、という景色を表している、という凝ったデザイン、そこのふすまの引き手がこうもりの意匠、というお座敷、とホンの一部をとってもまあ、見たこともないほどの凝りようでした。

お庭も奥が深くて、肱川に張り出すようなお茶室では、お茶席に人が大勢待っていました。人が少なければ入りたかったのですが。

臥竜山荘を出て川沿いの道に出る前、テントが張られた下にお地蔵様が飾られていて、パイプ椅子などがおいてありました。この日は23日、地蔵盆の日だったのでした。肱川沿いの遊歩道は、城下町の雰囲気を出すためか土塀のデザインの防波堤。岸辺には鵜飼いを見物する遊覧船らしい船がたくさんありました。

土手から中へ入り、すぐのところに「おおず赤煉瓦館」がありました。もとは銀行の建物だったそうです。中は特産品の販売や展示室になっており、和紙や絵ろうそく、地元の人の作品などを売っていました。残念ながらご当地アイスはなくて、１００円アイスを食べながら中庭で休憩。いい感じでした。

赤煉瓦館に隣り合う場所に、昭和の町並みを再現した「ポコペン横丁」。雑然とした中に懐かしいものがいっぱい。ほっとできる空間です。敷地の片隅には「マツダ・キャロル」のかわいらしい車体。祖父が昔乗っていて、私には懐かしい車種でした。敷地を出ようとするとアーチ型の門がありました。それをくぐり、少し歩くとほどなく元の「大洲まちの駅あさもや」に戻りました。売店でお土産に「もち麦茶」を買い、14時20分出発。

帰途、肱川を渡る橋の上から、お客でいっぱいで入るのをあきらめた臥龍山荘のお茶室がはるかに川の上にせり出しているのが見えました。

この日のお土産、絵ろうそく、うなぎ（1匹2、０００円）、もち麦茶３７８円。それに石鎚山サービスエリアで買った本葛餅６００円。腰のあるもちもちした歯ごたえと透明感が涼しげで、おいしかったです。

## 愛媛県大洲市　大洲城を見に

２０１０年２月６日（土）

晴。最高気温８℃くらい。

映画「火天の城」を見たのは、２００９年９月のことでした。そのときに、原作者の山本兼一氏が小説のイメージをつかむために訪れたのがこの大洲城の工事現場だったというのを知りました。太い材木の質量に圧倒されたこと、そのときの宮大工さんに、安土城に吹き抜けがあったという説もあるがどう思うか尋ねたら、火の回るのが早いからそんなことはしないといわれたそうで、それがストーリーにも組み込まれていたのを見ました。

大洲には２００９年８月に行ってきたので、２度目です。今度はお城見物が目的でした。ドライブは倉敷からだと早島インターから高速道路へ乗り、途中石鎚山サービスエリアで休憩、大洲南インターで降ります。約３時間かかります。（大洲に滞在したのは１時間半ほど……）

大洲南インターから降りて町へ入りかけたところで、見覚えのあるところだったので、またうなぎやさんの「なかつか」へ。この前は先客がいて入れなかったほうのお座敷。ここがこの店で一番の部屋みたいです。肱川の流れの水量が夏より少なかった。寒空に川の流れは夏ほどうれしくはないけれど。お客も少ないのでしょう、あわててエアコンと電気ストーブを入れてくれましたが、コートを着たままでしばらく待ちました。さすがに冬場なので天然うなぎではなかったようでしたが。うな重1、500円。

うなぎを食べた後は早速お城へ。市民会館の駐車場から歩いて登っていくと、復元された天守閣の真っ白な漆喰壁が目にまぶしいほど。立派な天守閣です。周囲には先ほどのうなぎ屋さんのあったほうから流れてくる肱川の流れが見渡せます。

入り口に木組みの模型が置いてありました。総ヒノキ？　模型とはいえ大変な作業だったことでしょう。大人500円、臥龍山荘とのセットだと800円でしたが、私たちはそちらは昨年行ったし今回は時間もないので単独で。

1層目。市内のお寺の境内から切り出されたという立派な心柱がありました。ここの層だけ吹き抜けになっていて、映画のシーンも思い出されました。まだ木材が白っぽく新しくて、慶長年間に創建された当時を彷彿とさせます。現在のお城は平成16年に完成したそうです。

昔の技術を今に伝えるという、宮大工さんたちのすばらしい仕事がここにあるのです。「伝統技術を受け継ぐ」というパネルもあって、材の仕上げから高い精度で木をくみ上げるための墨付けや加工、竹で小舞を組んで何度も壁土を重ねて漆喰で仕上げる左官工事、破風の多い屋根瓦の葺き方の工事、などなどの技術が今に伝わってきているおかげで復元できたこと、また未来へとつなげていかなければいけないことが分かりました。

急な階段を上り、2層目、3層目へ。最上階には岐阜県の瓦屋さんによって作られた凍結にも強いという鯱《しゃち》の実物見本がありました。見上げる屋根の木組みの重厚なこと。一抱えもあるような太い木材は、市民の皆さんから寄付されたものとのこと、まさしく市民の誇りとなる工事でしょう。すべての柱に、どこから寄贈されたものかが記された階層ごとの平面図がありました。

改めて、「お上」が勝手に作ったのではなくて、市民みんなで望んで作り上げたお城の復元だったのだなと、感動して見上げました。

資料として、創建当時の作業風景が人形を配した模型で作られていました。重機もない中、人力で重い石を「ころ」を使って川から引いてきたり、スロープを作って運び上げたり、綱を引いて柱を立てたり、まかないに握り飯が並んでいたりする様子など、造営工事場の様子がおもしろく生き生きと伝わってきました。

大洲城

帰り道は、石鎚山に雪をかぶったのが見えました。ちなみにカーラジオで大洲周辺ではＮＨＫ岡山は出ませんが、山を越えて松山方面へ出てくると、海の上は電波が飛びやすいのでしょう、ＮＨＫ岡山がちゃんと受信できました。途中、製紙工場の煙突の煙がおりからの強風に真横にたなびいていました。瀬戸大橋はいいお天気、景色がきれいでした。

倉敷から石鎚山ＳＡまでと、帰りは豊浜ＳＡから私が運転。平均時速１２０㎞でした。

## 丸亀　骨付き鶏と丸亀城

2011年2月11日（金・祝）

雪の朝でしたが、倉敷にはうっすらと屋根に積もったくらいで道路はどうという事もなし。長男が中古の３列シートの車を買い前日納車だったのでとドライブに誘ってくれ、チャイルドシートの孫と一緒に丸亀までドライブに行くことになりました。

瀬戸中央道は、鴻池サービスエリア付近の山には粉砂糖を振りかけたような雪、瀬戸大橋から見える海の風景も空の色を映して鉛色にどんよりしていました。高速料金は１、０００円。ありがたや。丸亀は３度目くらいの私たち夫婦、ＪＲ丸亀駅北の市営駐車場に止めて、まずは腹ごしらえ、骨付き鶏で有名な「一鶴《いっかく》」へ。

ちょうど12時だったので混み始める前、ベビーカーが邪魔にならない奥のボックス席へ。注文はひなどりと親鶏、それにもつ煮と、とりめし（スープ付き）に。もつ煮は違う形のを思っていたら、私も時々するような鶏のレバーやハツなどを生姜を入れて煮たので、冷たかったのがちょっと。でもおいしくできていました。メインの骨つき鶏はボリュームがあって前回1人1本では多すぎたので、今回は夫婦で1本。親の私たちが親鳥にしたら、歯ごたえ十分、噛めば噛むほど味が出る、というのは人間も同じか。とりめしは炊き込みご飯の上に錦糸卵と紅生姜。それにとり皮の入ったスープ。骨付き鶏はスパイスが効いていてこれがおいしい。キャベツのざっくりと大きく切ったのがついてくる。口直しにという事らしい。

店を出て、せっかくなので丸亀城見物に。長男がお城の前の駐車場ではなくて、大手町駐車場の方に車を置くと、何やら正面の市民会館に長い行列ができていて、ポスターから、東国原・前宮崎県知事さんの講演会があるらしく、へー、こんなところに出没しているのか、と眺めました。車を降りてみると雪の降った日らしく冷え込み厳しく、そんな中をベビーカーを押してお堀端へ。

以前出会ったことのあるユリカモメに餌をやるおじさんの姿はもちろんなく、それどころか鳥インフルエンザを警戒して、餌をやらないでとの立派な看板がありました。

大手門を入り、お城見取り図を眺め、天守閣の保守工事が2月14日からあるとの看板を見、寒いのでそばにあったお店に入りました。

ストーブで暖かくてホッとしてみると、工房になっていて、名産の丸亀うちわを高年男性3人で作っている所でした。竹を割ったものを細く裂いていている工程に夫はとても興味を示し、どうしたらそんな風に細く削れるのかをよく見せてもらいました。そこでできた骨を次の人が広げて編み、うちわの形にしていっていました。

店内にはお祭りでおみこしの周りにあるような大うちわやら、小さい物はしおりにするような10㎝くらいの小型のものまでさまざまな物が展示されていました。

見物はそこまで、再び木材の質感が十分な大手門をくぐり、帰途につきました。道筋には一人、菅笠をかぶったお遍路さん。こんな寒い時期に。お遍路さんは菜の花の時期からが多いようですが、何か思うところがある人なのでしょうか。

帰りは讃岐富士がよく見えました。

## ひなびた町並み散策に　愛媛県内子町を訪ねて

２０１２年１月22日（日）

　久しぶりに遠出しました。出かけた先は愛媛県内子町。倉敷からだと２０９㎞、行きは石鎚山サービスエリアで休憩、約３時間、帰りは休憩なしで２時間ちょっとでした。高速料金は帰り片道４、０５０円との表示が出ました。

石鎚山サービスエリアでは、出盛りの「いよかん」を５kg入り一箱２、５００円で購入。内子五十崎サービスエリアで一般道に入り、すぐ右へ曲がります。道の駅内子フレッシュパークへ車を置きました。ほかにも駐車場はあるようですが、トイレがあることと産直野菜が安いことでおススメ。

　車で来た橋を徒歩で渡り、歴史的町並みを散策する前に、お昼なので、地元の名物料理が食べたいなと探していると、「和食　寿司吉長《よしちょう》」。よかった。夫「鯛茶漬けが食べたい」。

　鯛めし１、２６０円。鯛茶漬けではありませんでしたが、鯛のお刺身を乗せて、だしと卵を溶いて上からかけるのだそうです。歯ごたえのある鯛のお刺身とタレとワサビが合わさっておいしかったです。

そして、緩やかな上り坂の歴史的建物群の街並みを散策していきました。和ろうそくの「大森和蝋燭店」。（平成24年から定休日火・金）入ると傍らに火のともった鉄製の燭台を置いてきれいな奥さんが和ろうそくの説明をしてくださいました。奥で熱い蝋《ろう》の入ったすり鉢状の器から手作業で蝋を繰り返し塗っているのは、以前は50～60歳くらいのご主人1人だったのが、今回はその後ろに息子さんが作業していました。跡取りができてよかった。

休憩所を兼ねた町屋資料館には板の間にお座布団が並べられていました。ここの町並みの特長かな？　上にあげてたためるようになっていて、下ろすとちょっとしたベンチみたいになるような濡れ縁が通りの軒下にあるのがユニーク。小さなお店にもなっていて手作り竹とんぼ、原種みたいな昔ながらのトウモロコシの干したの、（種にしたり、ポップコーンにしたりするとよいらしい）、それに地元特産の木蝋《もくろう》の素になるはぜの実が飾ってあったりしていました。

クランクになった角を曲がった所のお店。以前来たときはここで山椒の木のすりこ木をお土産に買ったのでした。入ってみるときれいに絵付けされた和ろうそくや、風車など昔風のおもちゃや手ぬぐいタオルなど。よく見ると販売台になっているのは古いタンス。備前長船の日本刀。備前というとここまで来てなんだかうれしい。その昔の黒い鉄製の扇風機……立派な鎧まで。このお宅、どんなご先祖様がいたのやら。蔵にしまっているよりこうして皆さんに見ていただいた方が……という店主の考え方のようです。

再び通りを歩くと、棕櫚《シュロ》細工のお店。大小のほうき類が店先一面に飾られていました。とてもやわらかで使い心地よさそう。で、店の表の掲示に、「全国どこをみてもろうそくで財を成した街はありません。庶民の灯りは明治初期までは囲炉裏の火だった、この町にろうそく屋はもともとなかった」などの持論を掲げてあり、そうかなあ？　と読んでいると、中から店主が出てきて、その紙あげましょうか？　と、とうとうと持論を展開。お向かいのお茶屋さんに入った夫が呼ぶのだけれども、話が途切れない……やっと振り切ってお向かいへ。

お向かいのお茶屋さんでおいしい緑茶を一杯いただいて、女主人いわく、「お向かいの人はちょっと変わっているから気にしないでくださいね。ろうそく屋さんだって3、4代続いているわけだし、ろうそく屋さんがなかったわけはないので」などと言われました。変な人はどこにもいるものですし、正しいと思っているのだからしょうがない。

またしばらく行くと、立派なお蔵。「本芳我」という表札。このあたり「芳我《はが》」さんが多いらしく、本という字がつくからには本家筋なのでしょう。また、「中芳我邸」とある建物もありました。また、木蝋資料館のある上芳我邸。木蝋を作る過程の展示が入ってすぐのところにありました。はぜの実から、白くてきれい、品質の良い木蝋が作られたようです。時間がなかったので広い敷地の無料のエリアだけ見ました。

松山の街をはるかに見ながら高速道路で帰途につきました。

# 沖縄篇

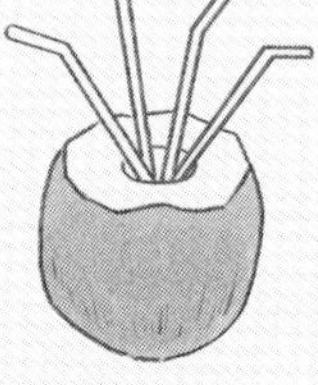

椰子のジュース

水牛車

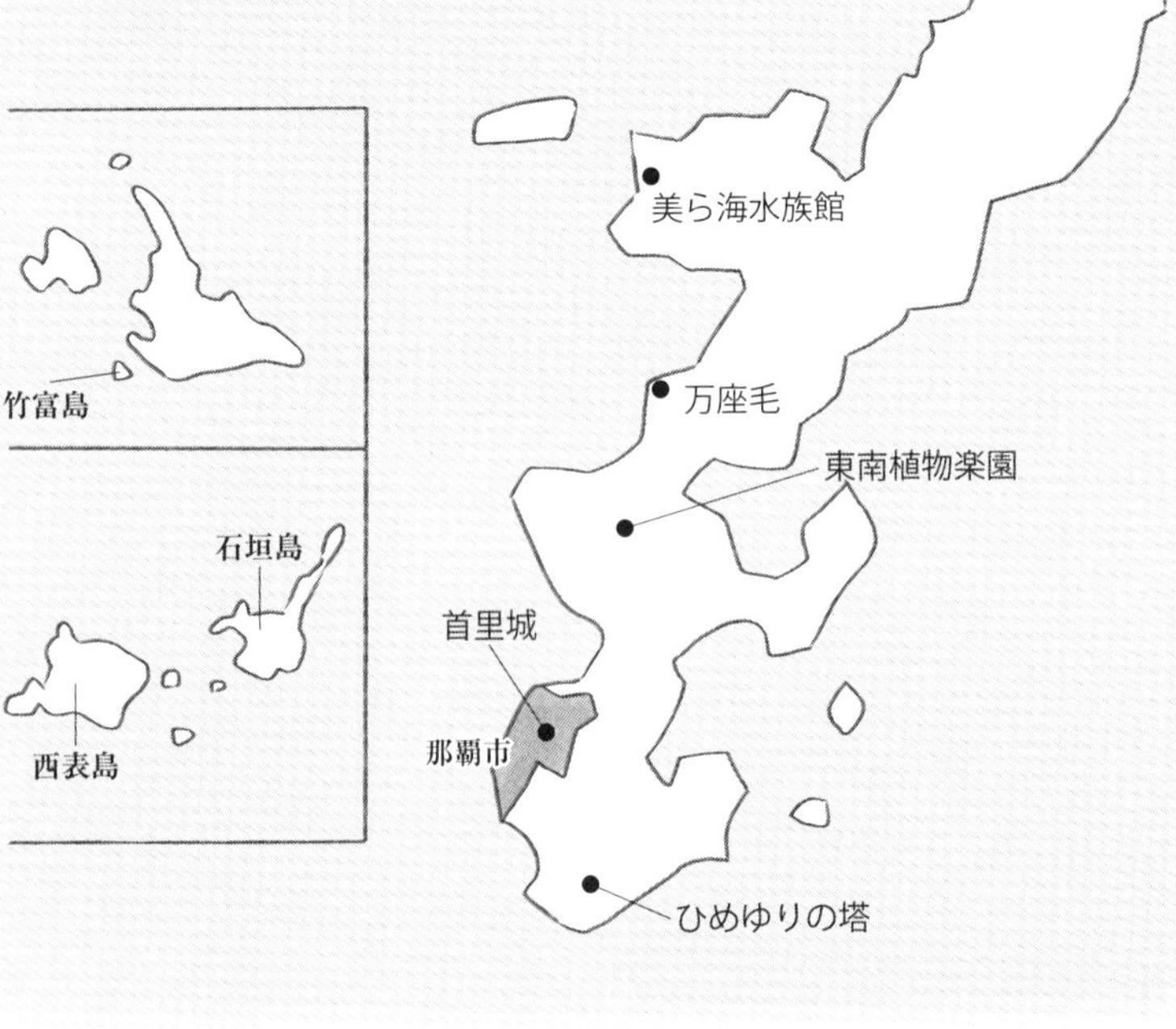

## 石垣島ドライブ―唐人墓、鍾乳洞、川平湾、農園

２００７年２月17日（土）

石垣島への着陸間近に見下ろすとサンゴ礁の浅海に寄せる白い波がきれいでした。島に着くとそこは夏でした。空港にはお迎えのガイドさんやらレンタカー会社の人がいっぱい、もちろん観光客がいっぱい。

レンタカーで観光地巡り、しかしカーナビがわが愛車と違い使いにくく、「ＫＥＩＫＯナビ」で行きました。

最初に行ったのは、島の南東部にある「唐人墓」。屋根の反り返ったいかにも中国風なモニュメントです。海岸からは生あったかい風が吹き、すっかり亜熱帯です。

ここにあった土産物屋で最初のお土産を買いました。八重山地方独特のしっかりした織物「ミンサー織」のポシェットと、パパイヤの漬物。

山に登る途中にあった日本最南端にあるという鍾乳洞。水音はしませんでしたが、センサーで人が行くと明かりがつく仕組みになっていて、一見の価値はありました。どことなく「トト

ロ」みたいな鍾乳石もありました。

この後、「バンナ岳」に登って展望するはずが、ドライブウエイが工事中で通行止めだったため、登れませんでしたので、カット。とても残念でした。

途中にあった施設「八重山民俗園」という赤い瓦の建物、ここは時間がなくて入り口だけでやめました。八重山群島の文化的なことがわかる施設らしかったのですが。


このブルーをなんと表現したらよいのでしょう。真っ白な浜に淡いブルーの水。川平湾《かびら》。島の北西部の美しい湾です。付近にはお決まりのみやげ物屋やら、ダイビングショップなどがありました。遊覧船も出ていました。レンタカーを返す時間があるので乗れなくて残念。

川平湾のみやげ物屋ではウベという紅やまいものご当地アイスを食べました。


帰りもどうせなら海を見ながら帰りたいよ、と同じ道を通ったので、行きに看板を見ていた「マエタケ観光農園」に寄って見ました。すると、もう店を閉じていたのに、おじいさんが手招きしてくれ、おばあさんが店の雨戸を開けて下さいました。

そばにあったのはドラゴンフルーツやマンゴーの木だそうです。マンゴーは収穫しやすいように倒してしまって低く育てるそうです。

フルーツもり合わせ2人前1、500円（だったかな?·）、パイナップル、マンゴー、パッションフルーツ、バナナなど、おばあさんが山盛り作ってくれました。

帰りの海岸道路では数箇所でしたが、マングローブも見えました。低木はハイビスカスでここでは普通に街路樹の低木として植え込まれており、咲いていました。高いほうの木は、「でいご」ではないかと思いますが確かではありません。

泊まった全日空ホテルの夕食はいくつかのコースを選べましたが、現地の材料を使った和食「しまぁー会席」を選びました。

ここならではの材料は、アロエベラ、青パパイヤ、ラフティ、長命草、海ぶどう、石垣牛、島ニラ、ミルスベリヒユ、紅芋、グルクン（魚）、ローゼル（赤い野菜?）、島人参（黄色い）、高瀬貝、ゴーヤ、ブダイのお刺身、アーサー（海藻）、など。聞いたこともない食材もたくさんあり、さすが南国だと思ったことでした。

ホテルの売店で、琉球手作りガラスで蛍のような光沢が入った丸型のイヤリングを買いました。

## 西表島・由布島

２００７年２月18日（日）

安栄観光の「三島めぐり」に申し込んでいたので、ホテルに迎えのバスが来ました。バスで港まで行くと、そこには大勢の人がいて、チケットの綴りを渡され、コース別に船に乗り込みました。私達は西表島、由布島、竹富島をめぐります。

あまり大きくない船に満員のお客。出港近くに現地の人らしい、紙おしめなど生活用品を持った女性が乗って私の隣の席に座ったので、お話を聞いてみたいな、と思っているうちに出港、ところが後ろのほうの席でエンジンの音が非常にうるさく、話などはとてもできませんでした。

外洋なので大きく揺れるときもあり、乗馬（ロデオ?）みたいに構えてないとたぶん船酔いしたかもしれません。50分ほどの船旅でした。

西表島の海岸に到着しました。これから観光遊覧船で川を見に行きます。17㎞程川を上るそうです。

少しの間強い雨が降りましたがそれは一時、マングローブの茂みを見ながらさかのぼりました。この川は仲間川、あの沖縄出身の仲間由紀江さんを連想しました。

干満の差の大きな島の浜辺には手のひらくらいの大きさの貝が採れるそうです。誰も取って食べないので大きくなるそうですが、これは、なんと、シジミだそうです。

日本最大というサキシマスオウノキへは船を下りて行きました。巨大な板状の根っこです。

船の後はバスで観光。島にはガイド嬢はいないそうでいかついドライバーの案内。

島には2カ所だけ信号があり、1つは小学生の教育用で、1つは上陸してすぐの所にあり、日本で一番南にある信号機なんだそうです。イリオモテヤマネコの保護に大変配慮された道路になっているそうです。

西表島のすぐそばに浮かぶ由布島へは、浅い海を水牛の引く車で行くのが呼び物。みんな「かわいそう、かわいそう」と言いながらも喜んで乗る、のだそうです。私達の乗った車を引いてくれたのは「海《かい》」君という7歳のオスの牛でした。ガイドの高嶺さんによると、牛の労働年齢は3歳から20歳、20歳が定年であとは写真のモデルになるのだそうです。9時‐5時の8時間労働で400mの道のりを8〜10回ほど車を引き、40頭のうち15頭がこの日勤務についていて、週休2日なのだそうです。ガイドの後は車内の棚から三線を取り出して「安里屋ゆんた」を歌ってくれました。アンコールをしなくてよいくらいの距離に近づいたら歌い始めるのだそうです。

島に着くと島の水牛の系図がありました。左下に先ほど私達の乗った車を引いた「海」君の名があり、「根性」と吹き出しがあったと思ったら、「根性」と書かれた鉢巻をしていました。

島の見取り図がありました。この島は西表さんという老夫婦がこつこつと作り上げた楽園なのだそうです。台風の被害で住民が移住した中、植物を植え、水牛車と言うアイデアで活路を見いだした功労者。なるほど。遠浅の海を水牛車で渡る、観光客には呼び物になっています。

## 竹富島

2007年2月18日（日）

西表島から高速船で約20分の竹富島へ。ここの観光は牛車もあるそうですが私たちは大型タクシーに10人くらいで分乗、伝統的建物群を見物、星砂の浜を散策、そしてグラスボートで珊瑚の海を。

「星の砂」が取れる海岸に案内されました。といっても手のひらに砂をくっつけて運がよければその中に数個見つかる程度と言うことでした。すぐそばに土産物屋があって、瓶につめたりキーホルダーに加工したりして売っていましたが、取り方は企業秘密なのだそうです。

竹富民芸館に行きました。赤瓦を漆喰で固めた沖縄の民家の造りです。沖縄の織物と倉敷は意外にご縁があるのです。

倉敷紡績の社長で大原美術館を設立した大原孫三郎氏が招いた、民芸運動の外村《とのむら》吉之助氏によってつくられたのが倉敷本染め手織り研究所。そこで戦後沖縄に帰れないでいた女子挺身隊の人達に織物を教えたのでした。後に芭蕉布の人間国宝になった平良敏子さんもその一人だったのです。

大原孫三郎さんは沖縄の織物を絶やしてはならないと外村さんを招き平良さんたちに織物を教えてもらったとの事、米軍統治下となった沖縄にようやく帰れた平良さんは、芭蕉布の糸を作るための作業をしてくれた人に自分はなくても賃金を払い続け材料の糸を作ってもらいながら芭蕉布を絶やさないようにと努力したそうです。

竹富島の「銀座通り」。珊瑚の石を積み上げた低い石垣が両側にある静かな通りでした。この日は水道工事があったそうで、あまり中のほうへは行けませんでした。

島のデータが民芸館の向かいのお店に貼りだしてありました。本当に小さな島です。当時の戸数165、人口361人、水牛の数21頭、山羊の数31頭、犬28匹、猫61匹。犬や猫までちゃんと数が数えられているというのがすごい。

「竹富島憲章」の貼り紙もありました。保全優先の基本理念として、「島の土地や家などを島外者に売ったり無秩序に貸したりしない」「海や浜辺などを汚さない」「集落内、道路、海岸等の美観、島の風紀を乱さない」「由緒ある家や集落景観、美しい自然を壊さない」「伝統的行事を精神的支柱として生かす」とのこと。すばらしい。観光客が押し寄せるからと言って浮かれていない。だからこそ、この小さな島の景観や伝統が守られているのだと思いました。

島内周遊のあとは船に乗り換えて海中見物。さんご礁の沖まで行くと、透明で真っ青な海中が見えます。また、温泉がわいているあぶくが出てくるところもあって、「男女混浴、無料です、ただし何分か息を止めて」。

こちらでご当地アイス2個目。おすすめはパッションフルーツシャーベットだそうです。

三島めぐりの観光を終え、夕方17時55分、石垣島から那覇空港へ。約40分のフライト。石垣―那覇間は東京―大阪間に匹敵するほど離れているそうです。

## 那覇の夜

2007年2月18日（日）

竹富島を見た後、17時55分ＪＴＡで石垣島から那覇へ。40分程のフライトで夕闇の那覇空港へ。

ホテルへのタクシーの運転手は60代くらいの女性だったので、「地元の人に評判のお魚のおいしい店を教えて」と言い、ホテルに荷物を置いてから「ちゅらさん亭」という店へ送ってもらいました。

竹富島の観光でもドライバー兼ガイドが「沖縄の魚屋さんはカラフルな魚がいっぱいですよ」と言っていた通り、メニューにはカラフルな見たこともない魚がずらり。その中から、タクシーで聞いた「グルクンの唐揚げ」「ミーバイの天ぷら」「刺身盛り合わせ」「アーサー茶漬け」「海鮮ちゅらさんサラダ」を、最後に思い出して「しゃこ貝の刺身」を追加。店内はにぎわって満席。

突き出しは高瀬貝、続いてカリカリのグルクンの唐揚げ、ミーバイ天ぷら、刺身盛り合わせ、赤い魚やら色々、名前を聞いたけどさっぱり覚えられなくて。

海鮮ちゅらさんサラダ。これを見て隣の席の人も注文していました。

店内はにぎわっていて皆さんどうやら観光客。隣の３人連れの貫禄ある女性たちは栃木からだそうでした。反対隣の若い女性２人連れはまた東京近辺から来たような雰囲気。

食後、国際通りを散策中に見つけたお店で、タンカン５kg入り４、０００円、海ブドウをお土産に買って自宅へ送ってもらいましたが、後で道の駅みたいなお店では３、０００円くらいの場所もあったので、国際通りでは場所柄高かったのだと思いました。

## 東南植物楽園

２００７年２月19日（月）

朝８時半、ホテルを出てレンタカーで本島中部へ向かって高速へ入り、「東南植物楽園」へ。

予想最高気温は20℃ということでしたが、肌寒く、南国ムードの楽園のはずが期待はずれ。

東南植物楽園入場料１、０００円、３００円の園内周遊バスがあったので乗った所、横浜から来たという優しい感じの同年輩のご夫婦と4人だけでした。

シマナンヨウスギ、ビヨウタコノキなど珍しい南国の植物を見ながらの周遊、写真を運転手のお兄さんが撮ってくれました。

最後に「ココヤシの生ジュースを売店で飲めるから」と勧められ、せっかくなので行くと各種トロピカルフルーツのジュース材料がずらーり。

その中、椰子のジュースはなんと1、000円!!「高っ!」でもここに来たからには、と先ほどのご夫婦と一緒に4人で注文したら1人250円、それなら許せる値段。で、注文。

すると、椰子の殻の上の方を削って穴をあけ、内部をこそげ落とした物にわさび醤油をかけた物と、椰子にストロー4本。夫婦2組4人で順番に仲良く飲みました。

お味は、青臭くもなく、甘ったるくもなく、あっさりした感じ。

内部の実のほうはなんと、見かけといい、歯ごたえといい、「イカ刺し」そっくり。

ご一緒させていただいたおかげで珍しいものを飲んだり食べたりできました。

## 海洋博公園・美《ちゅ》ら海《うみ》水族館、万座毛

2007年2月19日（月）

東南植物楽園を出て目指すは本部半島の海洋博記念公園。カーナビによると35㎞、再び高速に乗って、伊芸サービスエリアのレストランで昼食。ご当地メニューで「美ら海丼」900円。ミーバイの天ぷら？　や海ブドウが乗っていたり、ゴーヤの入った酢の物が付いていたり。金武《きん》湾の海の風景が売り物のSAのようでした。

結構遠く感じました。駐車場は満車状態、公園は海に向かって傾斜して開けていました。目指した水族館も人の波。米軍キャンプの人か幼い子供を連れた家族連れがほほえましい。それにしても平日のはずなのに日本人の子連れ家族も多かったのは学校休ませての家族旅行?!

入り口近くには、手で触れるコーナーがあり、ヒトデやなまこなど。「へー、なまこってこんな形してるの？」と言う人も。あまり普通の生活で見たことのある人は多くないかもしれませんね。

きれいなお魚たちが泳いでいる様子は幻想的で自分も泳いでいるような気分。大型のジンベイザメなども悠悠と泳ぐ巨大水槽は圧巻でした。

美ら海水族館を午後3時過ぎに出て、海岸沿いの道路を南下、恩納村の「万座毛」へ。レンタカーや観光バスがいっぱい。福井の東尋坊みたいな断崖とその上の広々した緑の平地。観光客は幅2mくらいの遊覧歩道を歩き、みんなカメラを構えていました。「火曜サスペンス劇場」のドラマの終わり近くの場面みたい。

帰りに近い場所では琉球舞踊の衣裳の若い女性が2人、一緒に写真を撮ると300円だそうでした。

恩納村の琉球村へ到着したのは午後5時、受付で聞くと「アトラクションは終わっていますが5時半に出れば入場はできます」とのこと。

園内は屋島の「四国村」みたいに古民家を移築した村で、違うのはそこにモデルの人が生活の様子や沖縄の歌や踊りを見せてくれるところでした。おばあさんが縁側でお手玉を作っていて、「沢山あったのに、みんな売切れてしまいました」。

砂糖きびを水牛が長い棒の先につけられてグルグル回って石臼で引く仕掛け、がありました。

時間が来たので水牛はつながれ石臼の掃除をしていました。四国村でもそんな円筒形の小屋があったので興味深くみましたが、こちらのほうが半径が大きいようでした。牛の引いた砂糖きびの汁から作った黒砂糖も売っていました。これこそ製造直売。

## 恩名村のリゾートホテルに泊まり首里城へ

2007年2月19日（月）

海辺のホテルはリゾート客でいっぱい。2階通路に「優勝　中日ドラゴンズ」という横断幕とドラゴンズの選手全員の大きな写真パネル、66の背番号のユニフォームなどが飾ってあるのを発見。落合博満監督のものですね。中日ドラゴンズのキャンプの宿だったのでした。「サインをねだらないようにお願い」の貼紙も。道理で、エレベーターに日焼けして見上げるようながっちりした体格の若者グループが乗ってくることがありました。満室だったのは、追っかけの名古屋方面からのお客が多かったせいもあったようです。

夕食は予約してなかったので「寿司バー」で天ぷらと握り寿司。なるべく当地ならではのネタを選んで注文しようと品書きを見ると、なんと「ままかり」が?!　沖縄でも取れるんでしょうか、それとも岡山から？　ご当地産の魚の名前は忘れましたがクラゲと海ブドウは覚えています。歯ごたえがよかった。

食後浜辺を散歩、ホテルの明かりがきれい。海に突き出た円筒形の島の海鮮焼きのレストランには入口に竜が1対お出迎えしていました。こっちで食べればよかったとちょっと後悔。

## 首里城

2007年2月20日（火）

いよいよ旅も最終日となりました。朝9時に恩納村のホテルを出発、首里城を目指します。行程は38㎞、石川インターチェンジから那覇インターまで高速道路、600円。

琉球王朝の都、首里城の駐車場は朝からハイペー

首里城

スで入っていると入口の係員が言っていました。おなじみの「守礼門」です。作られた年代は日本の戦国時代らしいです。

いくつかの石の門や石組の立派なこと、さすが、一つの王朝だと思いました。琉球王国のグスク群とその関連諸遺跡は世界遺産になっているそうです。

復元された正殿に来ました。(戦後20余年かけて1992年に復元されたもの)正殿前広場の赤と白の縞模様の敷石は、儀式のときなどに家臣群が敷物を敷いて座る位置を示しているようです。

建物は木造3階建て、1階は「下庫理《しちゃぐい》」と呼ばれ国王自ら政治や儀式を行なった場、2階は国王と親族・女官が儀式を行なう場、3階は通風のための屋根裏だったそうです。撮影禁止のはずの室内、王宮の儀式の模型にフラッシュをたく人が多数いたのにはがっかりしました。

和風のお城だと漆塗りだとか無垢材とかが多いように思いますが、この首里城は朱塗りの絢爛豪華なものでした。

## ひめゆりの塔

2007年2月20日(火)

10時55分、首里城を出て、本島南部戦跡を目指しました。

まずは平和祈念堂へ。行程は18㎞。

南風原町《はえばるちょう》というのは聞いたことがありましたが、道路標識に「東風平」。菅原道真が読んだ歌に東風はあるから「こち」とはわかりますが、（こちんだ）とはなかなか読めませんね。

平和祈念堂はしかし、観光バスも余り行ってないと思ったら、付近は公園化するためにか工事中で、おまけに塔の内部は大きなホールになっていて絵が展示してあり、中央に大きな仏像。入場料を払って入ったものの、誰もいず、蝶々の飛ぶと言う温室をちょっとのぞいて引き上げました。

有名なひめゆりの塔に来ました。手前に花束を売るところがあったので買っていくと、祭壇には沢山供えてありました。

慰霊碑のそばには深い自然の穴が開いていて、そこは乙女たちが多数亡くなったという沖縄陸軍病院第三外科壕跡だと言うことです。

碑の奥に、資料館が建っていて、入ると亡くなった女学校、師範学校の生徒たちの遺影がずらりと展示されており、1枚1枚に名前と、いつ、どこで亡くなったかが書かれていました。

また、生き残った人たち、今は70代後半の女性たちが当時の思い出を語っているビデオが上映されており、釘付けになりました。

毎日何十人もの兵隊の手術が行なわれ、それも手足を切断することが多く、彼女たちがその兵隊の手足を持っている係で、その手順もすっかり覚えてしまったこと、切り離された足はずっしりと重くなり、それを洞窟の外まで運び出すのは引きずっていくほど重かったという話など、まだ十代で医療の教育など受けていなかった彼女たち、顔も洗う暇もないほど連日負傷兵の手当てに明け暮れたそうです。

日本中でここ沖縄だけは、非戦闘員の彼女たちが戦禍に直接さらされたのでした。

ひめゆり学徒隊のずっしりと重い証言を見て聞いて、戦争の現実をしっかりと受け止めることで平和へのエネルギーとしたいと思った事でした。

# 海外篇

ビル群

飲茶

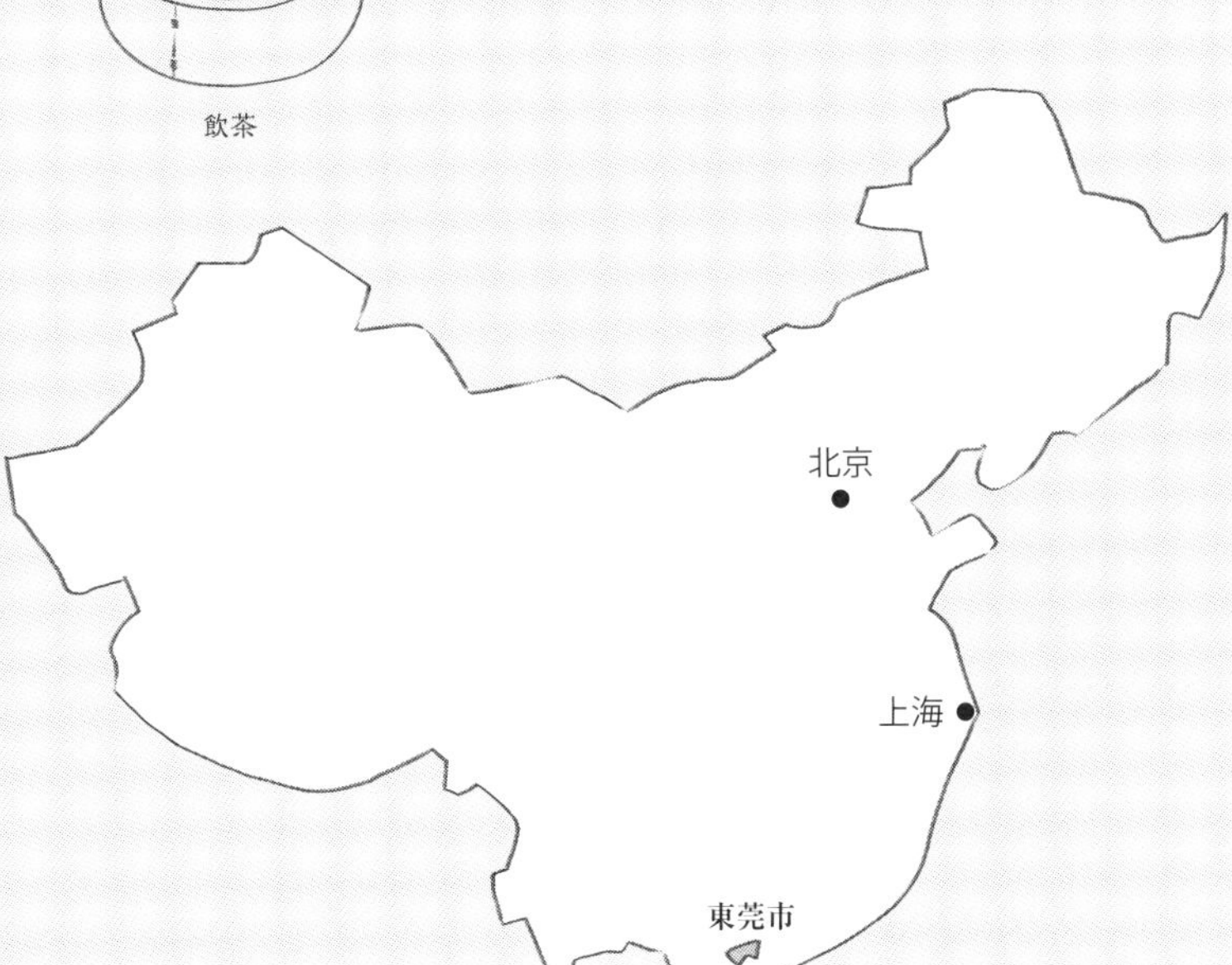

## 中国・東莞《とんがん》へ

２００６年５月１日（月）

２００６年５月１日から４日まで、中国・東莞へ夫の出張について出かけました。台湾に以前行きましたが、中国はずっと治安が不安な様子なので、どんな事が起こるのやらと少し不安を抱えながらの旅立ち。

中国南方航空機に乗り込むと、機内にはにぎやかに中国語が飛び交い、中国へ行くんだと改めて思うひと時。約４時間のフライトでした。

機内食はポークを選びました。ご飯とパンが両方ついているというのがちょっとおかしい。この日は飛行機に乗り込む前、関空で１時過ぎに食べていたのに４時ごろ機内食が出たので、４食食べたことになりました。

一つ前の席の人が慣れた様子で座席の前の画面の航跡図を見ていたのをまねして見ました。どこを飛んでいるのかがわかってよかった。ずうっと雲が厚く出ていてせっかくの窓際の席なのでしたが、やっと広州空港に着く前に景色が見えるようになりました。農地らしい緑地が多い中に太い幹線道路が走っているのが見えました。

広州の空港には以前台湾で大変お世話になった、加藤さんが来てくれていました。この旅の夫の仕事の相手で、台湾と日本のハーフ。迎えの車に乗り込んで空港を出ました。空港の建物の感じは関西空港に似ています。

運転していたのはおかかえ運転手。さっと私の荷物を奪い取って持ってくれたので、「息子さんですか?」と聞くと、自家用運転手で、大陸では自分で運転しない、というのでびっくり。人件費が安いのと、万一事故でも起こしたら困ると言うことか。車はアメリカ車のビュイック。運転手のBくんはすいすいと高速道路を飛ばします。

## 中国も「黄金周」

2006年5月1日（月）

今回うろうろしたのは東莞市。その南西にある長安の北東隣の大嶺山と言う鎮（村）がホテルの場所。すぐ南はもう深圳経済特区です。

中国の電圧は220Vだそうです。コンセントも色々ありました。ここは五つ星ホテルだったので、インターネットのLANケーブルもあったのですが、変圧器とコンセントのアダプタがないとパソコンは無理だったでしょう。洗面のドライヤー用のコンセントと、お茶をいれるのに電器ポットをつなぐ物がありました。ものの10秒くらいで沸騰したのには驚かされました。後で聞いた話ですが、加藤さんの工場の電圧は380Vから400Vくらいで一定しないため、最初気付かなくてモーターがよく故障したとのことでした。

翌5月2日（火）、雨の中を観光に連れて行ってくれました。町には自転車に座席をつけた輪タクみたいなのやら、昔のミゼットみたいな乗り物なども走っていました。バスはどれも大勢のお客を乗せていました。バイクもたくさん、それも何人も乗せて走っていました。

有名観光地だというテーマパークらしいところに連れて行ってくれましたが、中国も「黄金周」とかで人があふれ、駐車できなくて通過。

深圳経済特区に入りました。ここのゲートでパスポートを求められるかもしれないと言われ、軍人みたいな赤い制服の人がいたので緊張しましたが、何事も無く入れました。こういうゲートの番人は日本だと定年退職後の男性が多いようですが、中国は結構かっこいい若い人が多くいました。

圧倒されるような、しかも派手な外装の高いビル群。鄧小平さんが海岸沿いからとりあえず集中的に経済を発展させようとして寒村がこのような都会に発展したそうです。しかし、いまでは内陸にもその恩恵を受けさせようとしているので、人が昔ほどは集まってこなくなってきているそうです。

深圳で比較的よく見かけたのがアフリカ系の人とインド人。インド人はＩＴ関係でしょうが、アフリカ系の人は？　帰りの空港には、丸にＫのマークのケニア航空の飛行機も来ていました。

外来語を中国語に置き換えた看板が面白くて車窓から見ていました。「肯徳基」が「ケンタッキー」、「西鉄城」が「シチズン」の看板です。

深圳駅のすぐ東にあるバスセンターと、その上にあるショッピングセンター。長期の休みなので、ここから全国に向けて発車していくバスには大荷物を持った人々でごった返していました。

装身具などの売り場。ここは加藤さんによると、日本人と見ると2倍は吹っかけてくるので、よほど値切ってもまだまだなのだそう。欧米人にも吹っかけるそうですが、日本人が一番値切らないので「上客」だそうです。ご用心。それに、玉《ぎょく》だと見せかけて張り物だったりプラスチックだったりのまがい物も横行しているので、よくルーペなどで見るとかの注意が必要。でも、本当にいい物もとっても安く売っているそうなので、上手に買い物すればいいそうですけど……。

私達は篆《てん》刻が趣味の親類のために印材を加藤さんに見立ててもらって、値切ってもらって買いました。

お昼は同じ場所のレストランで、飲茶を。小型のせいろで焼売など色々注文してくれましたが名前がよく分かりません。どれもさすがにおいしかったです。

ここでトイレに行ったら大勢並んでいて、私はインド人女性と並んでいました。最初に開いた個室を見ると、なんと便座がない。（壊れているんだわ、つぎにしよう）と、次に開いた個室も見ると便座が無いんです。で、仕方なく入って中腰で用を足しました。ペーパーもなし。

東莞市まで帰って、喫茶店に入りました。駐車場係がいて、車の整理やら雨にぬれないようにお客に傘をさしかけたりしていました。ウエイトレスも紺色のシャツに赤いスカーフとしゃれた制服。高級な店のようでした。ここのトイレには紙はちゃんとあり、和式みたいにしゃがむ式でした。ただし前にある半球形の部分は無く、楕円形の穴だけ、というのが中国式のようです。

いったんホテルに送ってくれ、夜8時ごろ夕食に連れて行ってくれました。

ホテルの9階から見た夜景は、左手に大きな通り、向かいはショッピングセンターのなんとか百貨、右手にはなにかのお役所とその前の大きな広場。

食後、もう10時くらいでしたが、足のマッサージに連れて行ってくれました。選んだビデオを見ながら、きれいな若い女性がテニスウエアみたいなピンクのシャツと白いミニスカートでお湯を入れた桶を持って現れ、足をあっためながらまずは背中をもみ、次に温まった足を足首からひざくらいまで丁寧にマッサージしてくれます。私と夫を中に、加藤さん夫妻が外に４人並んで。極楽極楽。

観光地を案内できなかったことへのお詫びをかねていたみたいで、申し訳なく思うこと半分。……といった具合で、ホテルに送ってもらったらもう12時ごろでした。

## 中国、仕事する人も。

２００６年5月3日（水）

部屋からの朝の景色。中央手前の水色に見える部分はホテルの玄関前の池らしい。その手前側は車寄せの屋根です。ビル３階部分くらいまである高い天井の車寄せ。左手の幹線道路には車がたくさん流れていました。

雨の中、奥さんが傘を差し掛けて行く家族３人乗りのバイク、貧しくても幸せそう。

昼は日本食レストランへ連れて行ってくれたのですが、なにも中国に来ておすしやお刺身を食べようとは思わなかったので戸惑いました。店員は日本語で「いらっしゃいませ」。夫はマーボ豆腐定食（それって和食？）。私はすき焼き定食。すき焼きの中身は、手綱こんにゃく、アスパラがはいっていて、分厚いお肉。卵は割りいれてあって、これにうどんが入れば肉うどんでそのほうがおいしかったかも。

仕事です。工場を二つ回りました。夫の会社で注文していた機械の納期が遅れていました。でも日本国内より5割がた安くできるのだそうです。加藤さんの工場の事務所で、香港から船積みして発送すること、日本の広島、水島、神戸のどの港にいつごろつくか連休明けに船便を調べるなどの事務的な話をしました。経理などや事務手続きは奥さんが一手にやっていて、技術屋の加藤さんはすべて任せているようです。電話は99%奥さんに掛かってくるそうです。

夕食は東莞市街地の雲南省の名物料理店へ。雲南省の少数民族の衣装を着けた店員さん。運転手のBくんも一緒。年は26歳でもう3歳の子供がいるそうで、湖北省から出稼ぎに来ているそうです。

坦々麺？と、これに奥さんがみつくろって、チヂミみたいな葱焼きみたいなものと、ピーナッツが入ったチヂミみたいなのと、もう一つ。

この日もマッサージ。同じところでした。ビデオは「ハリーポッター」第三部を選んだのですが、字幕が英語だと同調して私はよかったのですが加藤さん夫妻のために中国語の字幕だったので、耳から聞こえるのは英語、目にはいるのは中国語で、奇妙な感じ。私には英語の字幕のほうがわかりやすかったのですが……漢字で「ハリーポッター」と書かれているのを見てもなんだかわかりませんよね。

そしてこの日はさすがに10時ごろまでにホテルへ送ってもらえました。

加藤さんの工場の手前７００ｍは未舗装の泥んこ道なので、雨のこの日、車には泥はねがすごかったです。

翌日、迎えに来た加藤さんのお抱え運転手Ｂ君の運転する車で空港まで送ってもらいました。

道中寄ったガソリンスタンドの扉、押すは「推」、そうか漢文で習った故事の「推敲」だわ。引くは「拉」。そうか、北朝鮮の「拉致」を思い出します。

運転のうまいＢくん、途中１４０㎞を出すこともあってびっくり、でもすいすいと空港へ。

来た時と同じ中国南方航空機で帰ってきました。

著者紹介

花房啓子（はなふさ けいこ）

1949(昭和24)年生まれ、1972(昭和47)年ノートルダム清心女子大学国文学科卒、被昇天中学校(大阪府箕面市)教諭を経て結婚。1977年から「全国友の会」(雑誌「婦人之友」愛読者の会)会員。1989(平成元)年から８年半、義父を自宅で義母に協力して介護し看取り。1999年からパソコン講座を受講し2002年からシニア初心者クラスの講師を７年間。同時に夫と共に出かけた様子などを、約9年間“Keikoのお出かけ日記”としてメールマガジンに連載。2005年からブログ「あじさい通信・ブログ版」で日常や旅の様子を発信。

趣味は高校時代以来の合唱と新聞投稿、家族新聞「あじさい通信」(1997年から)の編集。

# 続《ぞく》・夫《おっと》と歩《ある》いた日本《にほん》すみずみ

2023年5月26日　第1刷発行

著　者　　花房啓子
発行人　　久保田貴幸

発行元　　株式会社 幻冬舎メディアコンサルティング
〒151-0051　東京都渋谷区千駄ヶ谷4-9-7
電話　03-5411-6440（編集）

発売元　　株式会社 幻冬舎
〒151-0051　東京都渋谷区千駄ヶ谷4-9-7
電話　03-5411-6222（営業）

印刷・製本　中央精版印刷株式会社
装　丁　　立石 愛

検印廃止

Printed in Japan
ISBN 978-4-344-94458-9 C0095
幻冬舎メディアコンサルティングＨＰ
https://www.gentosha-mc.com/